西华大学2024年校内人才引进项

路径与模式

U0604003

Exploring the Mechanisms of
Business Model Innovation Driven by
Digital Innovation Capability in Manufacturing Firms

数字创新能力驱动的
制造企业商业模式创新
机制研究

廖民超————————著

经济管理出版社

ECONOMY & MANAGEMENT PUBLISHING HOUSE

图书在版编目（CIP）数据

数字创新能力驱动的制造企业商业模式创新机制研究 /
廖民超著. -- 北京 ：经济管理出版社，2025. 6.
ISBN 978-7-5243-0330-5

Ⅰ．F426.4

中国国家版本馆 CIP 数据核字第 20256P42Q5 号

组稿编辑：白　毅
责任编辑：白　毅
责任印制：许　艳
责任校对：蔡晓臻

出版发行：经济管理出版社
　　　　　（北京市海淀区北蜂窝 8 号中雅大厦 A 座 11 层　100038）
网　　址：www. E-mp. com. cn
电　　话：（010）51915602
印　　刷：北京飞帆印刷有限公司
经　　销：新华书店
开　　本：720mm×1000mm/16
印　　张：12.5
字　　数：229 千字
版　　次：2025 年 7 月第 1 版　　2025 年 7 月第 1 次印刷
书　　号：ISBN 978-7-5243-0330-5
定　　价：98.00 元

序

　　过去数十年间，全球经济与社会格局经历了深刻的变革。以数字技术革命为代表的新兴技术浪潮不仅打破了传统行业的壁垒，还推动了商业模式的持续创新与演进。在"双碳"目标与数字经济的驱动下，制造企业面对复杂多变的环境，亟须通过转型升级重塑其价值创造并获取核心竞争力。在这一背景下，本书聚焦于制造企业的数字化转型与商业模式创新，试图揭示能力、战略与生态系统之间的复杂互动关系，为学术研究与实践提供理论指导与实践启示。

　　本书基于创新生态系统视角，探索数字创新能力驱动商业模式创新的机制，并通过一系列实证研究构建起能力与战略协同作用的理论框架。本书的研究不仅总结了企业数字创新能力的内涵与维度，提出了通过价值共创和差异化战略实现商业模式创新的中介路径，还分析了战略柔性这一关键动态能力的调节作用。同时，本书利用组态分析方法揭示了促进高技术制造企业商业模式创新的多样化路径，为实现企业在数字经济时代的持续创新提供了实践参考。

　　在本书的完成过程中，我深切感受到学术研究是一项个人努力与群体协作相结合的过程。书稿的完成离不开许多师长、同仁与亲友的支持与鼓励。在此，我怀着感恩之心向所有给予我帮助的人们致以诚挚谢意。

　　感谢西南交通大学经济管理学院的高增安教授、蒋玉石教授和唐春勇教授，他们以其广博的学识与无私的教导帮助我拓宽学术视野，让我深刻领悟到科研工作需要精益求精的精神，他们对本书的完成提出了许多宝贵的指导意见。感谢四川农业大学经济学院、西南财经大学经济信息工程学院以及四川大学商学院的诸位老师和朋友，他们的专业支持与无私分享为本书的研究提供了重要的帮助。同时，感谢西华大学管理学院的同仁为我的研究与教学提供的资源支持与精神鼓励。

　　同时，衷心感谢我的家人。他们的理解与支持始终是我克服困难、追求梦想的最大动力。我特别感谢我的父母、公公婆婆无私的奉献，父母的精神品质与做人的智慧时刻启发着我不断向前，公公婆婆在家庭经营中的耐心、责任心与包容心也积极影响着我。感谢我的丈夫和孩子，他们让我懂得学术与生活的平衡，并为我的成长注入了更多的温暖与意义。

本书由本人独立研究并撰写完成，全书 22.9 万字。本书的出版得到了经济管理出版社的鼎力相助，研究工作得到了西华大学 2024 年校内人才引进项目"数字平台生态系统的价值创造路径与模式研究"（项目编号：w2420116）的资助，在此一并表示感谢。

在书稿即将付梓之际，我深知研究仍存在许多不足之处，但仍希望本书能为相关领域的研究者提供些许启发，并为制造企业的数字化转型与商业模式创新实践贡献微薄之力。

廖民超

2025 年 1 月 16 日

前　言

当今世界正经历百年未有之大变局，以数字技术革命为代表的一系列变革和调整推动新兴信息技术打破原有行业壁垒、突破传统商业模式、催生新的商业生态。处于不确定性成为常态的时代，企业需重新定位自身在价值创造、传递和获取全流程中的核心贡献。商业模式创新能帮助企业跳出传统竞争"红海"，使企业有潜力改变行业原有竞争格局以创造更多价值。面临复杂严峻的国内外发展环境，制造企业创新商业模式是"双碳"目标引领下的必由之路，是数字经济背景下制造企业转型升级的重要途径，也是制造业服务化转型下不断优化延伸产业价值链、围绕客户需求创造价值的必然要求。

虽然学者从多个不同的理论视角对商业模式创新展开了研究，但仍存在以下不足：首先，数字化环境下商业模式创新所需的动态能力仍待研究。数字创新能力是当前环境下支撑商业模式创新的关键，而现有研究缺乏对数字创新能力的内涵与维度的探讨。其次，数字创新能力对商业模式创新的影响及作用机制尚不明晰。数字化转型本身的复杂性和动态性促使学者关注制造企业在复杂的管理与创新实践中所需的模式和机制，数字创新能力通过何种机制作用于商业模式创新值得具体分析。最后，企业战略与商业模式创新密不可分，商业模式创新的实现需要考虑企业能力与战略的组合及互动。鲜有研究将企业动态能力、战略行动与商业模式创新纳入同一框架，从而不利于从整体视角分析商业模式创新的前因组合。

因此，本书聚焦于制造企业，基于创新生态系统视角，将"数字创新能力、战略柔性（动态能力）、价值共创、差异化战略（战略行动）与商业模式创新联系起来"，构建创新生态系统下能力与战略共同驱动商业模式创新的模型。本书基于动态能力理论、资源编排理论与创新生态系统理论，将两种不同类型的动态能力和战略行动纳入同一框架，突破只考虑单一影响因素的研究局限，探讨数字创新能力驱动的商业模式创新机制。本书通过三个子研究实现对这一机制的探讨：①在梳理已有研究的基础上，运用 Python 文本分析并借鉴扎根理论，对 9 家企业进行深度访谈，通过预调研和正式调研，运用 Nvivo12 进行编码，重构企业数字创新能力的内涵与维度，开发并检验测量量表。②将数字创新能力、战略柔性、价值共创、差异化战略以及商业模式创新纳入同一研究框架，对制造企业开展两个阶段的大规模问卷调查，最终收回有效问卷 413 份，利用 SPSS22.0 和 AMOS23.0 软件进行实证分析，探讨创新生态系统视角下数字创新能力驱动商业模式创新的实现机制。③通过制造业产教联盟收集创新生态系统下的制造企业样本，共得到 355 个样本。运用 fsQCA3.0 分析促进商业模式创新的组合影响因素构型，并分析促进高技术制造企业实现商业模式创新的前因条件组态，厘清各影响因素的作用及其互动关系。

研究发现：①创新生态系统下的企业数字创新能力是一个多维度的复杂概念，由四大能力集成，且各能力维度之间存在一定的并列、因果及过程关系，具体包含数字技术基础能力、数字技术融合能力、创新需求捕捉能力与创新系统协同能力。②数字创新能力作为组织的一种新的动态能力，在一定程度上反映了创新生态系统下数字创新的实现过程；数字创新能力能够为企业商业模式创新提供强大动力，驱动制造企业商业模式创新发展。在此过程中，价值共创与差异化战略起到中介作用。③战略柔性作为创新生态系统下一种重要的动态能力，显著正向调节价值共创与商业模式创新的关系，以及差异化战略与商业模式创新的关系。④存在三种影响商业模式创新的组态路径，可归纳为三种构型：数字创新价值共创型、数字创新差异化战略型与创新生态系统竞合联盟型。同时还存在两种影响高技术制造企业商业模式创新的组态构型：技术协同型与敏捷创新型。

本书在梳理总结数字创新能力相关研究的基础上，详细阐释了数字创新能力的内涵、构成与测量，探讨了制造企业如何应用数字创新能力有效促进商业模式创新，分析了企业差异化战略、价值共创在数字创新能力驱动商业模式创新中的中介作用，以及战略柔性的调节作用。在此基础上，探讨了由以上"能力+战略"前因构成的驱动商业模式创新实现的组态路径。研究结论有利于扩展数字创新能力的理论研究，揭示数字创新能力对商业模式创新的影响机制与作用路径，为数字化转型下制造企业的创新与可持续发展提供更全面的理解与实践启示。

目　录

图目录

表目录

第1章 绪论

1.1 研究背景

1.1.1 实践背景

当今世界正经历百年未有之大变局，以数字技术革命为代表的一系列变革和调整推动新兴信息技术打破原有行业壁垒、突破传统商业模式、催生新的商业生态。党的十八大报告提出的"实施创新驱动发展战略"为我国各行业、产业和社会整体转型升级提供了重要指引；党的十九大报告强调"创新是引领发展的第一动力"；党的二十大报告更是指出"推动制造业高端化、智能化、绿色化发展……加快实施创新驱动发展战略"，对制造企业高质量发展提出更高要求，为全面推进新时代创新驱动发展战略提供了根本遵循。

制造企业高质量发展离不开商业模式的创新。商业模式创新很大程度上是对现有制造企业运营管理流程的颠覆和重塑，能帮助企业跳出传统竞争的"红海"，使企业有潜力改变行业原有竞争格局以创造更多价值（邓新明等，2016）。面对复杂严峻的国内外发展环境，制造企业重新思考并创新商业模式已是大势所趋。从国际上看，在这个不确定性成为常态的时代，通过制造企业创新提升国家综合实力和国际竞争力已经成为重要的战略选择。自2019年底以来，受全球新冠疫情的影响，企业原本依赖的商业模式与发展路径受到冲击或破坏（程宣梅和杨洋，2022），甚至从根本上影响了企业的生产方式或业务交易模式，数字经济下的商业环境也更具有复杂性与动态性，企业创新商业模式是"乌卡"（Volatile, Uncertain, Complex, Ambiguous, VUCA）时代的必然选择。制造企业创新商业模式是在服务经济发展与环境不确定性增加的国际形势下，抢占竞争优势、确保国民经济平稳运行以及国家在对外发展中占据主导地位的关键（边伟军等，2022）。从国内来看，一方面，制造企业创新商业模式是"双碳"目标引领下的必由之路，是数字经济背景下制造企业转型升级的重要途径（杨东等，2021）。数字化转型（Digital Transformation）的本质不是单纯的信息或工作流程的数字化升级（Digitalization），而是"开发数字化技术和支持能力以发展出新的商业模式和核心竞争力"（陈劲，2019）。另一方面，商业模式创新是制造业服务化转型下不断优化延伸产业价值链、围绕客户需求创造价值的必然要求，以数字化转型和服务化转型探索商业模式创新可以帮助制造企业应对价格缺乏竞争优势、产品质量难以实现较大突破的挑战。

德勤《2021 中国制造业创新调查报告》相关数据显示，尽管各界在热烈地讨论制造业商业模式创新的问题，但实际做到的制造企业非常少。我国制造企业商业模式的创新发展远落后于产品创新与服务创新等。一份对中国 152 家大中型制造企业进行深入调研的报告显示，企业仍以产品服务创新（32%）、技术创新（31%）为主，管理创新（19%）、绿色创新（9%）、商业模式创新（8%）相对滞后（见图 1-1），并且受访企业认为，很难在价值提供逻辑上深挖价值链以实现价值创新和价值重构。该报告认为，随着贸易摩擦的频发和人口红利的减退，中国制造业企业在过去很长一段时间内参与国际竞争时体现出的成本优势也难以

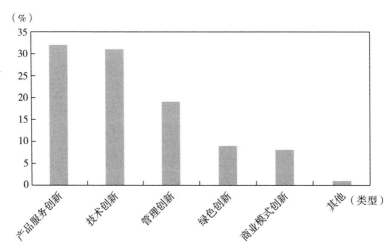

图 1-1　制造业受访企业 2019~2021 年开展的创新活动类型占比

资料来源：德勤《2021 中国制造业创新调查报告》。

为继，要想持续保持国际竞争优势，就必须在创新上发力。尽管当前制造企业在用户体验、数字技术利用、财务回报等方面具有创新优势，但其不够完善的创新机制体系、不够明确的创新战略、不够系统的创新能力都会成为阻碍和制约制造业长久创新的因素。

现实中，制造企业在创新商业模式过程中面临的突出问题是：数字化情境下，制造企业积极拥抱数字技术，却未意识到亟须发展和培育数字创新能力来支持长久的创新。具体而言，企业不明确在数字化环境下实现商业模式创新所需的能力体系，忽略了利用和部署其数字资源以实现创新的能力建设（刘洋等，2021），无法很好地利用数字技术驱动商业模式创新。在众多影响商业模式创新的因素中，数字技术已逐渐成为关键驱动因素（Teece，2018；Li，2020），然而相似的数字技术在不同企业中的应用也会产生不同影响，这是不可回避的"数字化悖论"问题。研究发现，数字技术本身不能直接产生收益。学者甚至发现，在某一拐点前，企业数字化能够促进创新，而过了拐点后，数字化反而会抑制企业创新（庞瑞芝和刘东阁，2022），对数字技术的盲目或过度应用不会带来绩效的增长（余菲菲等，2022）。企业需要基于数字技术，培养能够动员和部署数字技术的新动态能力以实现巨大的组织转型（Cenamor 等，2019）。尤其对于传统企业来说，要想充分发挥数字化技术的效用，企业的能力建设至关重要（李兰等，2022）。当前企业更需要开发和管理数字资源的能力而不是只占有数字技术，只有这样才能最大限度地利用数字经济时代的红利（Annarelli 等，2021）。企业必须根据其商业模式的不同，在组织及运营层面培养和发展特定的能力（Battistella 等，2017；Eller 等，2020）。

数字平台的井喷式发展以及生态系统的不断完善，要求企业识别并构建关键的数字能力，并重视对相关能力的重塑，以获得可持续发展的竞争优势（刘洋和李亮，2022）。企业商业模式由于受到数字技术的重要影响，所以有学者建议，未来研究应多结合时代背景和发展情景，重点关注由数据驱动的新型动态能力及其在生态系统情景下的作用和路径（焦豪等，2021）。Nasiri 等（2020）认为，当今企业实现数字创新特别需要塑造与数字相关的创新能力。数字化的能力是一种高阶的动态能力，可以通过整合数字资产以及商业资源助力企业创新，而数字创新能力是其中的一种突出能力（Annarelli 等，2021）。

研究发现，数字创新能力对于在动荡的全球数字市场中的企业有极其重要的作用（Gonçalves 等，2022），该能力将成为理解数字创新战略和行为的核心基石

（魏江等，2021）。当前的组织都需要数字化的经营和运营方式，需要从技术和组织等角度去考虑能力的构建，从而构筑多维度的数字创新能力（刘洋等，2021）。数字创新能力是支撑商业模式创新的关键（刘洋等，2021）。然而，数字创新能力作为一种新的动态能力，其内涵和定义尚未统一（罗兴武等，2023）。无论是业界还是学界均缺乏对数字创新能力的内涵与外延的思考。因此，在积极拥抱数字技术的基础上，企业亟须关注创新能力的发展和培育，认识到数字创新能力的重要性。学界要厘清新时代下数字创新能力的内涵、特征及作用，探讨数字创新能力对商业模式创新的影响机制。

1.1.2 理论背景

近年来，研究发现，只有从不同角度对商业模式创新进行前因探索，才能对内容复杂且职能跨度大的复杂商业模式有相对全面的认识（Foss 和 Saebi，2017；Ritter 和 Lettl，2018）。虽然现有学者从多个不同的理论视角对商业模式创新展开了研究，但仍存在以下不足与研究空间：

首先，学者已发现，企业创新需要数字创新能力的支撑（Nasiri 等，2020；Annarelli 等，2021；刘洋等，2021），但对于数字创新能力的内涵、定义、具体能力构成尚未形成统一认识。具体而言：第一，当前研究主要通过理解数字技术的特性来理解数字创新能力，对其的解构多基于技术视角且聚焦于技术带来的创新产出，却忽略了数字工具与企业文化等非技术因素的协调作用（Gonçalves 等，2022），也忽略了数字创新是组织内外部环境共同作用的结果（李小青等，2022）。例如，Edu 等（2020）认为，数字创新能力是组织扩展和集成物联网、大数据分析、云计算等数字技术以提升组织整体能力的一种能力。刘洋等（2021）认为，数字创新能力是组织利用及部署数字资源实现创新的能力，包括数据聚合能力和智能分析能力等。在复杂开放的创新生态系统下，与数字相关的协作能力是实现创新所必需的能力之一（Nasiri 等，2020），而现有研究对于数字创新能力的构建缺乏对此的思考。第二，就理论视角而言，现有研究大多单纯从资源基础理论、动态能力理论或传统创新理论出发，鲜少关注创新生态系统的关系特征对数字创新能力的影响，而传统创新理论对于数字技术驱动的创新的解释力和适用性不足（Barrett 等，2015；Nambisan 等，2017）。创新生态系统下，企业存在动态的合作、补充、竞争与替代关系，这种不断演化的复杂网络关系可以帮助企业扩大与利益相关者的链接范围，实现资源互补。然而，由于企业所处的关系更加复杂、资源流动更加频繁，企业必须有识别和管理这种复杂性的能力，才能保持在生态系统中的竞争优势。创新生态系统理论启发本书基于复杂网络关系从整体上考虑企业数字创新能力的内涵，为本书提供了合适的研究视角。第三，数字创新能力与传统的企业创新能力有何区别，就能力维度而言有何变化？对此问题，相关研究仍然缺乏具体阐释。虽有学者细化出数字创新能力的具体能力维度，但仍没有在中观层面通过量表开发提出测量维度和具体测量题项，并进行实证分析。

其次，数字化环境下，商业模式创新的研究视角有待扩展，数字创新能力对商业模式创新的影响和作用机制尚不明确。从研究视角来看，数字化情境下的商业模式创新研究多基于数字技术本身的特性展开讨论，大量研究关注了数字技术对于商业模式创新的影响（Piscicelli 等，2018；Li，2020）。数字技术或数字化能力虽然是促进商业模式创新的重要因素，但不是唯一因素。技术不是商业模式创新的唯一前置因素，组织内部的各种因素均与商业模式创新密切相关（Bashir 和 Verma，2019），价值共创的网络、商业模式参与者的行为导向、对技术的掌握、组织的管理与规则，以及商业模式的复杂性都对商业模式创新有重要触发作用。数字化情境下的企业需要关注数字技术带来的开放性在提供企业所需的资源方面发挥的关键作用，这就要求企业加深了解不同层次参与者的关系及基于数字化的机制如何与非数字方法相结合。创新生态系统理论为数字化情境下的企业研究提供了合理的视角（Nambisan 等，2019）。随着组织的边界越来越模糊，企业越发处于依赖外部环境获得关键资源的开放生态系统中。基于合作的生态系统的战略日益重要，合作关系中技能与经验的多元化可以促进创新（盛伟忠和陈劲，2015）。因此，制造企业需要在数字化情境下，基于创新生态系统的视角，重新考虑商业模式创新所需的能力与战略（魏江等，2022），才能更好地实现商业模式创新。

从研究内容来看，数字创新能力是不是创新生态系统下企业所需的动态能力，以及其如何作用于商业模式创新仍待讨论与回答。由于创新生态系统具有动态性和复杂性等特征（韩进等，2020），一方面，创新生态系统中不断演化的复杂网络关系有利于企业实现价值共创，促进创新活动的开展；另一方面，这样一个高度动态的生态系统要求企业开发新的动态能力。虽已有证据表明，数字创新能力是支撑商业模式创新的关键（刘洋等，2021），并且数字化相关的动态能力与企业所处的生态系统互相成就（Sjödin 等，2021），然而现有研究仍缺乏对创新生态系统所需的动态能力的探讨（Linde 等，2021）。因此，本书拟探讨在创新生态系统下，企业数字创新能力对商业模式创新的作用。

最后，数字创新能力、创新战略与商业模式创新的相互关系仍待进一步研究。已有研究发现，战略决策作为前置因素影响商业模式创新（陈一华和张振刚，2022）。研究战略管理的学者亦认为，商业模式创新作为一种独特的现象，与企业战略互相联结（Teece，2010；Klang 等，2014）。有学者认为，以往关于商业模式的研究较少考虑战略领域，主要是因为商业模式创新与企业战略有重叠的部分，同时提出在未来的研究中，可尽量区分企业战略与商业模式创新，探讨二者的联系与区别（Massa 等，2017；Bashir 等，2020）。

新兴的信息技术（如移动应用程序、语音技术、虚拟现实）正在使个人客户拥有越来越多的知识、灵活性和参与商业实践的机会与能力（Adner 和 Kapoor，2010；Loebbecke 和 Picot，2015）。客户的偏好和需求正在以惊人的速度发生变化，如何更好地实现客户价值的创造和交付变得越来越重要（Kostis 和 Ritala，2020），企业更需要思考多层次的需求变化，从而对其原有商业模式进行创新（陈劲等，2022）。Adner 等（2019）认为，数据成了新时代企业的一种战略资源，企业必须考虑"数字转型对于战略意味着什么"。当前，在生产型制造转变为服务型制造的过程中，制造企业必须在战略、资源和能力的匹配与协调方面做出实质性突破，才能真正从提供标准化的产品走向提供个性化定制服务，进而实现迭代升级的跨越式发展（冯文娜和刘如月，2021）。制造企业在数字化转型下，不仅需要考虑资源、能力等问题，更需要考虑在动态、复杂的转型期间到底需要怎样的决策制定、战略选择或变革活动（刘洋和李亮，2022）。Teece（2018）认为，商业模式、动态能力和战略是相互依存的。企业动态能力的优势有助于提高其设计商业模式的能力；反过来，商业模式通过组织设计会影响动态能力的发展和发挥，也会影响企业战略的执行。因此，思考商业模式创新过程中所需的创新能力与创新战略的协同机制非常重要。而现有的研究很少将企业能力、战略与商业模式创新纳入同一框架进行考虑，这不利于从整体视角分析商业模式创新的前因组合。

并且，就研究对象而言，数字化情境下商业模式创新的研究对象多为新创企业和高新技术产业。现有研究仍缺乏对传统制造企业在数字创新实现机制方面的关注。所谓数字创新，就是组织在创新过程中通过运用数字技术对数字化资源进行重组以获取新知识、新产品或新服务，最终实现价值创造（Nambisan 等，2017；Edu 等，2020；谢卫红等，2020）。当前，数字创新的研究对象多为互联网高新技术产业，而对国内传统产业的关注较少（闫俊周等，2021），亟须聚焦传统制造企业进行深入的研究和探索。Bocken 和 Geradts（2020）研究认为，商业模式创新的影响程度在某些行业比对整体市场的影响更大,因此建议未来研究基于行业的组织设计因素进行更聚焦的探索。

因此,本书认为,商业模式创新是受到多因素影响的复杂结果,在数字化情境下,聚焦于传统制造企业,探讨数字创新能力驱动的商业模式创新实现机制有重要的理论价值与现实意义。本书将数字创新能力和战略柔性(动态能力)、价值共创和差异化战略(战略行动)与商业模式创新结合,形成创新生态系统视角下数字创新能力驱动的商业模式创新实现机制。通过文献梳理,本书发现,已有研究多聚焦于某一动态能力或某一类因素对商业模式创新的影响,并主要探究其与商业模式创新之间的二元线性因果关系。目前,数字创新能力对商业模式创新的影响以及价值共创和差异化战略在其中的关系都尚未明确。针对上述局限,本书试图在利用深度访谈重构数字创新能力内涵的基础上,运用 Python 文本分析、Nvivo 编码实现对数字创新能力的测量,以及通过 AMOS 结构方程模型以及 fsQCA 方法,将数字创新能力、战略柔性、价值共创、差异化战略以及商业模式创新纳入同一研究框架,探讨创新生态系统视角下数字创新能力驱动商业模式创新的实现机制,厘清各因素的影响效应,并进一步分析促进商业模式创新的多因素构型,明确不同因素间的互动关系,以期为数字化转型下制造企业的创新发展提供启示。

1.2 研究目的与意义

基于上述对实践与理论背景的总结,本书拟从创新生态系统视角出发,采用扎根理论、访谈法、编码方法等,对数字创新能力这一具有重要理论价值的高阶动态能力进行内涵重构;并进一步采用结构方程模型实证分析和模糊定性集组态分析,探明数字创新能力与其他企业战略因素组合对制造企业商业模式创新的影响及作用机制,有利于制造企业解决数字化悖论的谜题,为制造企业在数字化情境下更好地进行商业模式创新提供理论及实践启示。

1.2.1 研究目的

基于上述背景,本书拟对制造企业商业模式创新的驱动因素及其作用机理进行全面深入的探讨。因此,需要从直接效应、中介机制以及调节效应三方面进行解构与分析。具体分为以下四个研究目的:

（1）挖掘创新生态系统下企业所需的动态能力，界定数字创新能力这一重要能力的内涵并实现对其的测量（第3章）。

数字技术赋能企业创新已成为学术界共识，企业的数字化能力需要不断地发展。学术界也指出，数字创新能力将成为企业创新发展的关键（刘洋等，2021；魏江等，2021）。然而，数字创新能力的概念定义、构成维度和衡量标准仍需研究明晰。因此，需要通过基于扎根理论的质性研究对数字创新能力的概念内涵进行界定并对其构成维度进行划分。并且，为了进一步研究数字创新能力与企业创新活动的关系，需要开发有效的量表对其进行测量。

（2）探究数字创新能力对企业战略行动的影响，以及数字创新能力驱动制造企业商业模式创新的实现机制（第4章、第5章）。

有研究认为，数字战略反映了企业对数字技术的利用以及价值创造的机制（Khin 和 Ho，2019）。在数字化情境下，企业需要选择何种战略行动才能有效实现能力与战略的协同效应，从而更好地促进创新，这需要具体分析。值得注意的是，本书探讨的战略是指战略行动，而非战略思维。战略思维只是一种布局或指导性原则，而战略行动是具体的落地策略，是企业在动态竞争环境中抓住市场需求，快速实现价值创造及推进组织发展变革的行动（Eisenhardt 和 Bingham，2017）。首先，本书探索数字创新能力对企业两种战略行动的影响效果。其次，结合相关理论，探讨数字创新能力驱动制造企业商业模式创新的作用机制，分析数字创新能力对商业模式创新的直接作用，以及通过价值共创战略和差异化战略的中介效应作用于商业模式创新的间接路径。

（3）识别企业非数字化的动态能力（战略柔性）的调节效应（第4章、第5章）。

本书引入了战略柔性作为调节变量，战略柔性作为一种非数字化的能力，是创新生态系统下的一种重要动态能力，能够应对不断变化的环境与复杂网络关系。本书探索战略柔性能力在企业战略与商业模式创新之间的调节作用，以期发现在不同的非数字化能力边界条件下，数字创新能力作用机制的差异性。因此，需要对战略柔性的调节作用进行验证，并对不同战略柔性条件下影响商业模式创新的有效作用路径进行深层次的分析探索。

（4）识别实现制造企业商业模式创新的能力与战略的组态条件（第6章）。

数字经济的深度发展要求企业对资源、价值、结构、关系、边界等组织形态与商业要素进行全面的重构（Kretschmer 和 Claussen，2018），而商业模式创新又是一个多因素驱动的结果。制造企业要实现从生产型制造向服务型制造的转变，必须解决资源、能力与企业战略不匹配的问题（冯文娜和刘如月，2021）。商业模式创新在面对不同的驱动因素时，会产生不同的实现路径或机制。企业能力、战略与商业模式创新之间由于有相互依存的影响关系，进而形成了复杂的作用机制。因此，需要从"能力+战略+结果"的全域视角了解商业模式创新的前因之间的互动关系，探索由能力与战略构成的不同前因组态路径，以期发现在不同能力与战略组合条件下的商业模式创新实现机制。因此，需要对商业模式创新的前因条件进行组态检验，并探讨不同路径构型下的区别。

1.2.2 理论意义

大量研究表明，基于数字技术的数字化能力已成为制造企业实现创新驱动高质量发展的有力杠杆（刘洋等，2021；吉峰等，2022；余菲菲和王丽婷，2022）。利用和部署数字资源以实现创新的数字创新能力成为驱动企业创新的关键能力（刘洋等，2021）。尽管商业模式创新是企业与学界共同关注的热点话题，但对于数字创新能力对商业模式创新影响的研究仍处于初期阶段。驱动商业模式创新的原因是复杂的，对于数字创新能力驱动的商业模式创新实现机制问题，相关研究还较为匮乏。因此，在国家数字经济发展战略的背景下，探索数字创新能力驱动的制造企业商业模式创新实现机制与路径具有重要理论意义。本书在以下三个方面有所贡献：

（1）本书从创新生态系统的视角研究数字创新能力具有明显的理论意义，研究结果为数字创新能力的内涵、维度结构和测量项目增加了有价值的见解。以往关于数字创新能力的研究已表明了该概念的多维度本质，然而既有的有关数字创新能力的研究在回答"到底什么是一个企业有别于其他企业独特的数字化能力"这一问题时，往往只考虑了数字技术的聚合性、连接性和自生长性（Edu 等，2020；刘洋等，2021），忽视了数字创新的组织属性（收敛性、开放性和动态性等）的影响。本书基于创新生态系统视角，将数字创新能力的内涵进行了边际拓展。本书指出，数字创新能力是一个多维度的概念，不仅包含数字技术基础能力、数字技术融合能力这两种强调数字技术属性的子能力，还包括创新需求捕捉能力、创新生态协同能力这两种强调数字创新组织属性特点的子能力。本书丰富了数字创新能力概念的相关研究，在理论上扩展了关于企业数字创新的讨论，回应了学术界关于从创新生态系统视角分析企业创新能力改变的号召（包宇航和于丽英，2017）。同时开发了相应的量表，也回应了学者提出的将数字创新能力概念操作化的呼吁（刘洋等，2021），为未来数字创新的相关研究提供了理论依据和测量工具。

（2）本书基于创新生态系统视角，构建并验证了制造企业数字创新能力、差异化战略、价值共创、战略柔性与商业模式创新的关系，有利于在数字化情境下全方位地解释企业能力、企业战略与商业模式创新的关系，扩展了新情境下商业模式创新的相关研究。一方面，从数字创新能力驱动商业模式创新的实现机制来看，数字创新能力为企业利用和部署数字资源以实现商业模式创新提供支持，数字创新能力能够通过价值共创与差异化战略正向影响商业模式创新。另一方面，揭示了战略柔性在价值共创、差异化战略与商业模式创新之间的调节作用，突出了战略柔性作为一种非数字化的动态能力对于创新生态系统下企业的重要权变作用。本书针对企业商业模式创新的实现机制提供了一个更全面的理解，填补了现有研究的空白，响应了 Nambisan 等（2019）提出的企业既要关注数字技术固有的概念和结构，也要考虑基于数字化的机制如何与非数字方法相结合来解决数字化悖论的问题。这是对现有研究缺乏对企业在数字化环境下开展创新活动所需的重点动态能力的探索的又一有益补充。

（3）本书拓展了多因素驱动商业模式创新的机制相关研究，丰富了相关文献。本书认为，单一的数字化动态能力并不能确保企业获取数字创新红利，企业从发展数字技术能力到实现商业模式创新的过程离不开组织战略和其他动态能力（如战略柔性）的支持。本书深入探究驱动制造企业实现商业模式创新的前因要素及要素间的多重联动作用，打破以往基于单一逻辑探讨商业模式创新的研究局限，揭示了"战略+能力"的组合因素对商业模式创新的组态影响，扩展了商业模式创新实现路径的相关研究，并丰富了以制造企业为研究对象的商业模式创新驱动机制的研究。

1.2.3 现实意义

在当今数字化环境下，制造企业须具备更强的创新能力，才更有可能将转型升级、创新发展的挑战转化为机遇。因此，对制造企业如何通过数字创新能力驱动商业模式创新进行研究和分析，进一步探究战略与能力的机制、组合等问题，对指导制造企业高质量发展和提升业界整体效能具有重要的现实意义。

本书对处于创新生态系统中的制造企业有一定的启示作用。本书的理论分析部分展示了创新生态系统中组织间的互动关系及潜在的价值创造过程，帮助企业了解创新生态系统中强调的价值共创与协作、竞争等关系特征。基于此，本书总结并验证了该生态系统下所需的关键能力，以及可以实现商业模式创新的组织战略机制，以期帮助制造企业实现商业模式创新并从中持续获利。这些能力和战略均与创新生态系统中企业间的关系特征有关,本书提供了一个较为全面的框架,可以帮助管理者理解多因素之间的关系,有助于制造企业抓住并利用数字化转型机遇,适应动态的环境变化,为中国制造企业拥抱数字技术、实现转型升级提供启示。本书能够帮助我们在已有的理论基础上更好地理解数字创新能力对企业的意义,同时为企业的商业模式创新实践提供指引。

首先,本书有助于指导传统制造企业通过理解并识别数字创新能力的内涵与构成,更有效地集中精力重点培育所需能力。在创新生态系统下,企业需要构建共创共赢的生态圈,在积极主动拥抱数字技术的同时,还要以数据为纽带,打造开放共享的价值网络。通过数字技术连通上下游企业、物流中心、客户等,通过线上线下良性互动与深度融合,拓展传统产业边界,培育更加适应未来生存发展需求的新业态。研究结果表明,数字创新能力是创新生态系统下企业所需的关键能力,是一个多维的概念,企业应从多个维度来构建、评估并发展数字创新能力,利用数字创新能力帮助企业抓住创新机会、打造生态圈并协调管理生态圈内外的关系,以更好地实现价值创造。

其次,本书有助于引导制造企业更有效地利用企业能力和企业战略的协同作用,促进商业模式创新。一方面,当今时代数字经济以数据资源为关键要素,因此,制造企业进行创新时需要具备部署和利用数字资源的能力。另一方面,企业应充分认识到,单一的技术能力或动态能力并不能为企业带来竞争优势。并且,商业模式创新对任何企业而言都是复杂的项目,企业通过数字创新能力和组织战略行动的有效协同,才能更好地实现商业模式创新。

最后,本书强调了传统制造企业在创新生态系统环境下应关注的竞争与合作问题,启发管理者有针对性地制定和实施策略,有利于指导企业基于自身情况调整创新战略。传统制造企业成功实现商业模式创新不仅需要自身的技术、资源和能力,更需要借助外部组织的资源,在创新生态系统中找到最佳生态位。一方面,传统制造企业需要不断突破组织边界,建立供应链或更多利益相关者之间的良好关系,这些活动尤其需要企业注意战略柔性的培育,以及价值共创战略的作用。另一方面,制造企业也需要在复杂动态的生态系统中找到最佳生态位,通过差异化战略的发挥,用独特性获得差异化竞争优势。因此,本书为传统制造企业在商业模式创新中采取有效的战略行动提供了启发。

综上所述,我国制造企业要在数字化环境下实现转型升级与创新,必须摒弃用战术的勤奋来掩盖能力与战略行动缺失的发展方式,不能单纯"拥有"数字技术而不培育利用数字技术的能力，也不能忽略创新能力与创新战略协同作用的问题。企业要把握好企业数字化能力、非数字化能力与企业战略之间的关系，协同促进商业模式创新。

1.3　研究内容与框架

本书共有 7 章内容，具体如下：

第 1 章为绪论。本章分为六个部分，第一部分阐述了本书研究的实践和理论背景。第二部分提出了研究的目的与意义。第三部分阐述了研究内容与框架。第四部分阐述了研究方法与路线。第五部分提出了本书研究的创新性。第六部分为本章小结。

第 2 章为理论基础与文献综述。本章首先梳理总结了本书的三大理论基础，即动态能力理论、资源编排理论和创新生态系统理论，并阐明了这三大理论在本书研究中的适用性。其次详细回顾和评述了关键变量的内涵界定、维度及测量，以及现有研究取得的成果和存在的局限，为后续研究打下坚实基础。

第 3 章为数字创新能力内涵重构与量表开发。基于扎根理论，在创新生态系统视角下对数字创新能力的内涵进行重构，探索其内容维度并进行量表开发。本章详细探讨并阐述了数字创新能力的概念，并将数字创新能力的概念变得可操作化，为后面探索数字创新能力与商业模式创新的关系打下基础。

第 4 章为数字创新能力对商业模式创新的作用机制。本章梳理了数字创新能力、价值共创、差异化战略、战略柔性与商业模式创新这 5 个关键变量之间的关系，基于现有文献提出研究假设，构建了包含 5 个变量作用关系的理论模型。并且，详细阐明了各变量的测量方法及数据样本的收集方式，完成了子研究二的核心研究设计。

第 5 章为数字创新能力对商业模式创新作用机制的实证分析。本章是实证检验，说明了数据收集方法、量表的信效度检验方法，并通过 AMOS23.0 软件采用结构方程模型以及 Bootstrap 方法等进行一系列检验，对数字创新能力的直接效应、价值共创和差异化战略的中介效应，以及战略柔性的调节效应分别进行验证，并对所得实证结果进行分析与讨论。

第 6 章为商业模式创新前因组态分析。本章从组态的视角出发，利用模糊集定性比较分析方法（fsQCA），探索数字创新能力、价值共创、差异化战略、战略柔性的联动作用对制造企业商业模式创新的组态影响，并对所得组态构型进行详细讨论。本章不仅是对子研究二结论的二次验证，更是对数字创新能力、价值共创、差异化战略、战略柔性作用于商业模式创新机制的进一步探讨。

第 7 章为总结与展望。本章整合了子研究一、子研究二、子研究三的研究结论与成果，并总结了本书研究的理论贡献、实践启示、研究局限与展望，为制造企业实现商业模式创新与可持续发展提出了建议。

本书的研究框架如图 1-2 所示。

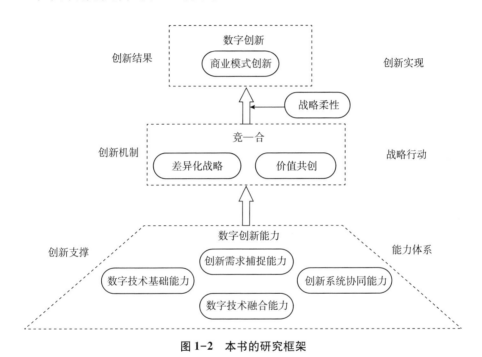

图 1-2　本书的研究框架

1.4　研究方法与路线

本书的研究方法主要是质性研究与定量研究的结合，涉及文献研究法、Python 文本分析法、扎根理论研究法、问卷调查与实证分析法、模糊集定性比较分析方法（fsQCA），具体如下：

（1）文献研究法。该方法主要应用于本书的第 2 章。基于国内外相关研究，梳理了本书涉及的 5 个关键变量的研究现状，具体包含理论的形成及发展，理论在现有研究中的应用现状，关键变量的内涵、分类和测量，以及相关研究成果的总结与评述。

（2）Python 文本分析法。该方法主要应用于本书的第 3 章。基于文献分析法，获取了 2019~2021 年以"数字创新"（Digital Innovation）以及"数字创新能力"（Digital Innovation Capabilities）为主题的核心文献资料 62 篇，以及其他相关报告 10 余万字。通过 Python 软件对上述二手资料进行高频词分析，筛选剔除主题词频次后，合并中英文同义词组归纳出有关"数字创新"和"数字创新能力"的关键词，为子研究一构建数字创新能力的内涵和维度奠定基础。

（3）扎根理论研究法。本方法主要应用于本书第 3 章。在创新生态系统视角下，遵循规范的扎根理论研究范式和严格的编码程序对数字创新能力的结构维度进行了重新探索，并开发出相应的测量量表。首先，扎根理论是在实践的情境中发现问题，因此很适合探讨中国情境下的管理问题，并通过总结发展规律进行理论构建（贾旭东和衡量，2020）。该方法具有构建过程细致和比较优势突出等特点，能够将抽象概念提炼确切，是一个能够得到效度较高的模型的方法（贾旭东和衡量，2016）。对于"数字创新能力"内涵的重构，扎根理论方法能够满足在实践中揭示数字创新能力的结构以及进行理论抽象的现实需要。

（4）问卷调查与实证分析法。本方法主要应用于本书第 4 章、第 5 章的数据采集及实证检验中。在提出理论基础与进行文献综述的基础上，构建理论模型并提出研究假设，采用大规模问卷调查收集一手数据，并使用 SPSS 软件对问卷量表进行信效度检验。接着使用 AMOS23.0 软件构建结构方程模型进行实证检验，该方法不仅能够处理多个因变量，测量不可直接观测的潜变量，还能通过其路径图更直观地显示变量间的直接关系和间接关系。该方法是管理学等社会科学研究领域多元数据分析的重要工具（郭明杰和费堃桀，2019）。

（5）模糊集定性比较分析方法（fsQCA）。本方法主要应用于第 6 章。由于管理学现象具有因果复杂性，管理要素往往相互依赖并作为条件组合在一起（Fiss，2007；Furnari 等，2021；杜运周和贾良定，2017）。而基于集合论的 QCA 在解释因果复杂性以及整合定量与定性分析方面具有优势，成为适用于管理学各领域以及交叉学科复杂性分析的研究方法，包括战略管理（Greckhamer 等，2018）、创新管理（Juntunen 等，2018）等。不同于基于自变量之间线性因果假设的传统统计方法，运用整体论、组态视角和基于集合论的模糊集定性比较分析方法（fsQCA），把案例视为条件的组合，能够分析因果复杂性问题。并且有学者认为，fsQCA 在探索数字化创新的直接驱动因素组合方面是值得尝试的方法

（谢卫红等，2020）。因此，第 6 章采用 fsQCA 方法对商业模式创新具有重要意义的 4 个前因要素进行组态分析，并对研究结果进行了讨论。

图 1-3 展示了本书的技术路线。

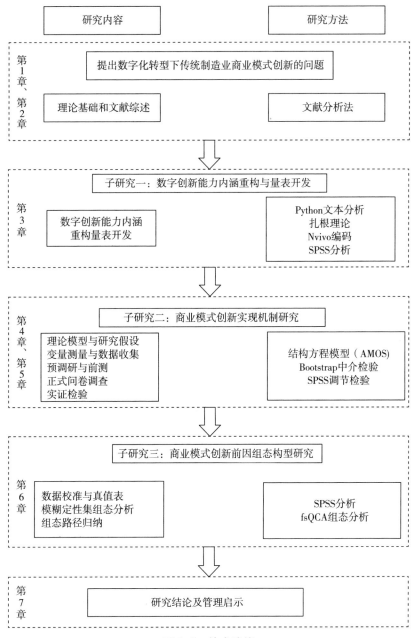

图 1-3 技术路线

1.5 研究的创新性

本书的主要创新点如下：

第一，本书从创新生态系统视角提出了一个较全面的企业数字创新能力的内涵框架，在理论上扩展了关于数字创新能力的讨论，扩展了新情境下企业动态能力与创新能力的理论边界，丰富了现有文献。本书开发出了相应的测量量表，并通过了相关检验，提供了数字创新能力的测量工具，为今后从数字化视角研究企业创新提供新的参考。

具体而言：首先，创新能力作为企业的一种动态能力，相关研究成果已颇丰，但学界对数字创新能力的探讨还较少。已有的对数字创新能力的讨论主要集中于其定义、内涵结构和重要性，且不同学者对其结构划分有不同观点，但还未能深度研究其具体维度及测度。其次，就理论构建而言，现有研究虽聚焦了企业数字化情境，但大多基于资源基础理论与动态能力理论，对创新生态系统理论发展下企业数字创新能力与创新活动的关系缺乏关注，而传统创新理论对于数字技术驱动下创新活动的解释力和适用性不足（Barrett 等，2015；Nambisan 等，2017）。并且，在数字化情境下，对于企业数字创新能力与传统的企业创新能力的具体区别，相关研究仍然缺乏阐释。本书基于对创新生态系统下的企业关系特征的分析，重构了数字创新能力的内涵与维度，并对其测量题项进行量表开发，回应了学界的呼吁以及业界的需求。

第二，本书扩展了制造企业商业模式创新实现机制的相关研究，有利于全方位地解释企业战略、企业能力与商业模式创新的关系。

尽管学界和实业界已经广泛关注企业的商业模式创新，但多基于单一视角探究某一驱动因素的影响，尤其缺乏对基于数字化的机制如何与非数字方法相结合来解决数字化悖论的问题的考虑。首先，本书基于创新生态系统理论，从创新生态系统理论的企业关系特征等出发，拓展了数字创新能力与商业模式创新的研究视角。其次，本书聚焦于制造企业，基于创新生态系统下组织的关系特征，将数字创新能力（数字化能力）、价值共创、差异化战略（战略行动）、战略柔性（非数字化能力）和商业模式创新纳入同一研究框架，验证了数字创新能力对差异化战略、价值共创战略的促进作用，并证实了组织可以通过这两种竞合战略行动促进商业模式创新的实现。在数字化情境下更全面地解释了企业战略和能力与商业模式创新的关系。研究结论回答了学者提出的制造企业在数字化转型下，需要同时考虑资源、能力与所需战略选择的问题（刘洋和李亮，2022）。

第三，本书揭示了企业能力和战略的组合与商业模式创新之间的关系，进一步丰富了现有研究文献，一定程度上弥补了当前研究对企业商业模式创新具体所需能力及战略协同效应讨论不足的缺陷。

目前学术界和实业界对于商业模式创新所需的创新能力、创新机制与创新战略都缺乏全面的认识，本书提供了一个更加全面、完整的视角和理解。本书不仅验证了价值共创与差异化战略在实现商业模式创新过程中的中介作用，扩展了商业模式创新实现机制的研究；还进一步利用模糊集定性比较分析方法，从组态视角探究"战略+能力"的四种前置因素影响商业模式创新实现的组合驱动机制，详细探讨了不同组态构型的典型特征，有利于更加全面、完整地理解影响制造企业商业模式创新的因素，扩展了有关商业模式创新的研究视角，丰富了研究成果。

1.6　本章小结

本章基于制造企业转型升级、可持续发展与商业模式创新过程中面临的各种问题，从理论背景和实践背景进行分析，探讨并阐明了现有研究的缺口以及实践中亟须解决的问题。本章认为，现有研究对商业模式创新缺乏全面的认识，尤其缺乏对传统制造企业在数字化情境下实现商业模式创新所需的创新能力与创新机制的探讨。并且，之前研究多考虑单因素或多个因素的线性因果关系，而缺乏对驱动商业模式创新的创新能力和创新战略之间的互动关系和联动效应的关注。因此，本章提出了一个由数字创新能力体系为支撑，分别由竞争与合作的数字战略为机制的商业模式创新实现机制的研究框架，详细说明了本书的研究思路和研究内容，并阐明了研究方法和预期实现的研究目标。

第2章 理论基础与文献综述

2.1 理论基础

2.1.1 动态能力理论

2.1.1.1 动态能力的内涵及理论发展

动态能力（Dynamic Capability）的概念及理论在快速变化的动态环境中被提出并逐渐受到学界重视。该理论将企业资源和能力的进化性质与环境变化联系起来。根据这一理论，"动态"的概念打破了原有资源基础观的静态观点，强调快速适应变化的能力。

动态能力理论自被提出后，其内涵不断地丰富和发展着。最初，动态能力的内涵强调一个组织整合、重组并配置内外部资源的能力（Teece 等，1997），该概念获得了广泛的认同。基于这个概念，Teece（2010）、Schilke（2014）进一步探索并验证了企业动态能力对创新、企业绩效及竞争力的促进作用。Zollo 和 Winter（2002）、Teece（2010）以及 Schilke（2014）认为，动态能力是由经验积累、知识表达以及知识编码过程的例行程序进化而形成的企业能力，也是可以被学习的一系列模式，在此模式或能力的基础上组织能够重新形成或改善经营程序以提高效率。之后大量研究从组织学习的角度出发，发现组织可以通过学习和应用新知识来改善原有的经营流程和组织惯例，拥有支持组织学习文化的企业更有可能持续发展企业的动态能力，而这种动态能力能帮助企业改善绩效（Prieto 等，2009；Hsu 和 Wang，2010）。

学者认为，动态能力是一个多层次的概念（David，2018）：一阶动态能力包括感知和抓住机会以及重新吸收商业模式资源的能力。有各种各样的组织学习例行程序，需要对外部环境作出反应。二阶动态能力主要是监控一阶动态能力的变化并进行整体协调的能力（Zollo 和 Winter，2002）。因此，随着动态能力理论的深化发展，越来越多的学者开始关注并探讨动态能力的多维度结构，认为感知与利用能力、联盟及协同能力（Chuang 和 Lin，2015）、吸收与创造能力（梁娟和陈国宏，2015）、机会识别和机会利用能力（吴航，2016）等，均属于动态能力的构成部分。

近年来，学者的研究多聚焦于动态能力的内涵、发展、构成维度、特点以及作用等。学界普遍认为，动态能力作为企业的一种重要能力，有助于提升企业绩效和增强企业竞争优势。动态能力理论强调的是企业建立、重组、应用其内外部资源的能力（Teece，2007）。而研究也证实了通过运用动态能力，企业在面对不同的组织资源或外部环境时，也能在一定程度上带来组织绩效变化。例如，苏昕等（2019）发现，企业通过外部关系的嵌入获取异质性资源，再通过动态能力的作用，能提高组织绩效。王昌林（2018）对高新技术企业进行研究后发现，企业能够利用动态能力借力于创新网络进而影响企业创新绩效。武柏宇和彭本红（2018）发现，企业通过网络嵌入，发挥动态能力的中介作用，能够最终实现与网络平台的价值共创，提升企业竞争力。

动态能力不是一成不变的，其内涵与构成随着时代发展而变化。随着动态能力理论的发展，越来越多的学者研究了各种因素对动态能力的影响。研究发现，组织文化、市场导向、信息技术、领导风格等都引导、推动着动态能力的发展变化（焦豪等，2021）。为了保持竞争优势，组织需要发展合适的动态能力，使它们能够适应环境的变化与组织的变革（Paavola，2021）。随着数字经济的发展，动态能力在数字化情境下的演化受到了国内外学者的关注。数字化能力作为一种高阶的动态能力，能够帮助企业整合数字资产和商业资源，并创新产品、服务和流程。数字集成能力、数字平台能力和数字创新能力是其中的三种突出能力（Annarelli 等，2021）。王强等（2020）认为，数字化改变了企业的能力体系和价值创造模式。数字化能力和价值创造能力是现阶段企业需要重点关注的动态能力，对组织的创新创造有重要影响。Karimi 和 Walter（2015）认为，如数字平台能力等新的动态能力仍然需要借助传统的动态能力来改变企业的资源和价值，以实现企业绩效提升和价值创造。因此，亦有研究关注了传统动态能力在数字化情境下如何与数字技术耦合以推动企业更好地发展。例如，动态能力能够激活数据分析平台以便企业更好地感知和捕捉市场机会，也能够激活数据赋能平台以重构数据并更好地应用数据（焦豪等，2021）。综上所述，在数字化情境下，动态能力相关研究不仅把数据视为有价值的信息资源，还关注了利用数字资源释放动态能力潜能的过程并深化了其解决问题的范围（Ciampi 等，2021）。

2.1.1.2　动态能力理论在创新研究方面的应用

传统动态能力对创新的影响在大量研究中得到了验证。例如，金昕和陈松（2015）发现，企业知识资源战略要影响创新则需要企业动态能力的发挥。吴航（2016）基于 Teece 学派对动态能力的划分，验证了机会识别和利用能力对创新绩效的促进作用。秦鹏飞等（2019）基于动态能力理论认为，吸收能力能调节企业知识搜索对创新能力的影响。Randhawa 等（2021）发现，市场导向能够通过感知、捕获和重构能力的发挥来驱动商业模式创新。吸收能力也被证实能够通过战略柔性对商业模式创新产生正向影响（Miroshnychenko 等，2021）。

而在数字化驱动的创新生态系统视角下，动态能力理论仍然在创新相关研究中具有重要作用。Linde 等（2021）发现，感知、获取和重新配置三种动态能力是实现生态系统创新所必需的能力，他们将动态能力理论与创新生态系统理论联系在一起，提出了动态生态系统能力。研究表明，创新生态系统视角下，动态能力对数字化驱动的创新有重要促进作用，能够通过管理生态系统促进服务创新（Lütjen 等，2019）。Sjödin 等（2021）发现，与数字化相关的动态能力与企业所处的生态系统相互成就，能够通过管理生态系统促进创新。具体来说，企业在由生态系统形成的合作网络中，能够借助动态能力的吸收和整合功能推动创新。Heubeck 和 Meckl（2022）认为，目前对驱动创新的具体管理能力仍缺乏完整的理解，因此基于动态能力理论探讨了企业动态管理能力（Dynamic Managerial Capability）及三个潜在驱动因素对数字企业创新的影响。

在数字技术支持下，企业的感知能力、获取能力与重构能力都发生了变化，发展出的一些新的动态能力也被证实能够通过各种方式促进创新。当前，企业信息技术的支持能够促进市场资本化和运营调整的敏捷性（Mikalef 和 Krogstie，2020），提升企业的信息获取能力。对数据化工具的使用能够提升企业重构能力，从而促进创新（Wu 等，2020）。Zhang 等（2021）将动态服务创新能力视作数字时代的一种新动态能力，并认为其对服务创新有重要影响。Jun 等（2021）认为，数字时代下，数字平台能力、即兴能力都是对创新有重要影响的动态能力。有学者还发现，数字创新能力也是一种新情境下的动态能力，它帮助企业从环境中扫描和吸收知识，并利用数字技术和部署资源来创新产品、服务等（罗兴武等，2023）。当前，数字创新能力对创新的具体作用机制还有待进一步研究。

2.1.1.3 动态能力理论在本书中的适用性

魏轩等（2019）认为，有关创新能力的研究所采用的常见理论基础有九大类型，并且由于创新能力涵盖的要素是复杂的，因此，不同的创新能力研究会基于不同的创新理论分类。聚焦企业层面的微观研究大多基于资源基础观、知识基础观、动态能力观、吸收能力观，而关注宏观产业、国家区域创新能力的研究多考虑社会网络观、二元创新观、市场导向观、国家创新系统观和开放式创新。但在众多有关创新能力的研究中，动态能力理论无疑是研究企业层面的主流理论，尤其适用于数字化情境下创新能力的相关研究。

值得注意的是，以往对于制造企业的相关管理学研究更多关注企业内部静态的资源。然而，在数字化背景下，创新生态系统中的制造业企业往往不止一家企业，这涉及各个企业之间甚至众多个体间、组织间、生态间的利益连接，这种关系是复杂且动态的。并且，制造业企业往往需要在新的背景下应对动态和不可预测的环境。动态能力强调通过资源配置、结构优化和调整以适应环境的变化，并保持与环境的一致性，这正符合当前企业所需的弹性。因此，动态能力理论比资源基础理论更加具有解释力。具有强大动态能力的企业在生态系统中不仅具有较强的适应性，还有很强的重塑性（Teece，2010）。在市场环境与用户需求发生巨大变化的当下，企业必须有快速响应甚至进行资源重构的动态能力。因此，制造企业在数字化情境下和创新生态系统中更需要关注动态能力的培养与发展，动态能力理论适用于数字化情境下创新能力与商业模式创新相关研究。

2.1.2 资源编排理论

2.1.2.1 资源编排理论的内涵及理论发展

资源编排理论建立于资源基础观的基础之上，吸收了资源基础观中强调的企业对资源的拥有和掌握，也吸收了动态能力理论思想中对资源的应用和整合的观点。资源基础观正如 Barney（1991）在其经典研究中提到的，即企业占有和掌握的异质性资源与企业的绩效相关。然而，资源编排理论虽然也强调"资源"，但认为资源本身无法带来企业绩效的提升，只有充分合理地编排与利用资源才能帮助企业获得竞争优势。

首先，资源编排理论从动态管理的视角理解企业对资源的管理和自身能力构建之间的平衡。资源编排理论虽然由于源自资源基础观而继承了对资源重要性的关注，但是，其并不认为拥有异质性的资源是必要的。甚至有研究认为，即使企业拥有的是普通的资源，也能凭借管理、利用资源而提高企业绩效。重要的不在于占有资源和能力，而在于如何搭建、编排、利用资源（Teece，2007；邓渝，2021）。即使拥有相同的资源，企业在使用、管理资源上的差异也会导致最终绩效的不同（Sirmon 等，2007）。

其次，资源编排理论也继承了动态能力理论中的动态管理能力观点，发展了管理者在动态环境中被忽视的战略功能。资源编排理论更为重要的贡献在于，扩展了资源基础观的核心观点并吸收和链接了动态能力理论的相关内容，对资源占有与组织能力产生之间的关系进行了拓展，细致刻画了企业如何对资源进行有效的动态协调。资源编排理论强调企业在构建好所需资源后，需要将资源转化为能力，并扬长避短，尽量补齐缺失的能力（Sirmon 等，2011）。具体来说，企业在扫描自身已有资源后，动态地构建、配置所需的资源组合，利用组合资源产生所需的能力，最终运用能力创造新的价值，这一动态过程完整地描述了从资源占有到资源组合与使用等问题。

2.1.2.2 资源编排理论的应用

大量学者基于资源编排理论，研究企业如何管理和利用资源以实现创新并获得竞争优势。例如，赵慧娟等（2022）基于资源编排理论，探讨了中小制造企业如何利用资源获取与资源转化来嵌入平台生态，影响价值共创并最终提升企业创新柔性。马鸿佳等（2024）聚焦于数字化情境下资源编排理论的新要求，认为新情境下企业需要同时关注传统资源与数字资源和能力的编排利用，才能赢得竞争优势。研究还发现，当企业的联盟组合资源越多样化的时候，创业企业绩效反而越低，即企业拥有的资源多少与企业的绩效好坏不成正比，但是当企业利用资源编排对联盟过程进行管理时，能够减少资源多样性对企业绩效的不良影响。邓渝（2021）、陈寒松和田震（2022）等认为，数字化企业在创业情境下，结合发展阶段和企业所处情境对资源进行有效编排组合，能够快速构建服务生态系统并促进演化，最终实现创新。Andersén 和 Ljungkvist（2021）强调了创新团队需要与企业利用资源编排来协调资源以实现组织创新。

总之，资源编排理论跳出了资源基础观的静态观点，不再强调占有异质性资源，更强调的是企业需要关注内外部环境的变化，结合自身实际，从动态的角度考虑整合、编排以及改变资源组织的方式，增强企业应对内外部变化的适应能力，在动态调整中实现对资源的有效管理。通过资源编排，持续地对所需能力进行更新升级或创造（王世权等，2022）。尤其在数字化环境下，资源编排理论认为，组织需要依赖一系列互联资源的利用与配置，通过有效的资源管理行为释放资源的最大价值。这些管理行为通常包括构建资源组合、归拢资源和资源转化利用，以及这些管理行为的组合（冯军政等，2022）。数字技术改变组织的资源范围和类型，数字资源编排为组织能力发展注入新活力，因此，如何编排数字化资源来建构数字化能力是值得探讨的问题。

2.1.2.3　资源编排理论在本书中的适用性

管理学研究认为，相同的资源在不同的组合下也可能产生不同的效果。企业需要通过编排利用不同类型的资源，形成不同的能力，更好地实现价值创造（魏江等，2022）。资源编排理论指出，面临数字化情境下的各种机会，企业需要考虑如何编排与利用各种有用资源和能力的组合，从而抓住数字机会（Amit 和 Han，2017；马鸿佳等，2024）。因此，该理论在本书研究中的适用性体现在以下几个方面：首先，企业需要不断更新自身的核心能力以及战略来更好地配置组织资源，以保持竞争优势（Capron 和 Mitchell，2009）。在数字化情境下，数字化能力随着企业的转型持续转变和演进（苏敬勤等，2022），企业需要结合发展阶段与外部环境变化更新自身能力，不同企业需要考虑利用何种能力才能更好地实现自身的发展目标。其次，基于资源编排理论的研究认为，资源编排活动和情境的动态匹配能使企业形成竞争优势（Sirmon 和 Hitt，2009），因此，在数字经济下，企业更需要分析自身所处的具体情境，基于具体环境匹配合适的资源编排活动。如有研究所指出的，数字化转型下，传统的资源与能力都无法单独构成制造企业利用数字机会的必要条件。企业需要编排数字资源与非数字资源，这样才能更好地利用数字机会（马鸿佳等，2024），企业的资源基础需要与创业能力共同演化，将资源编排行动贯穿始终才能更好地促进企业成长（黄昊等，2020）。最后，资源编排理论强调资源的利用过程与价值的转化和创新生态系统理论的核心紧密关联。资源编排的过程本身具备协同、动态权变的特点，而这与创新生态系统理论强调的协同合作关系、动态演化关系的特征不谋而合。

因此，本书主要考虑利用何种能力及战略才能使企业更好地编排、配置组织资源以实现创新，资源编排理论为本书提供了很好的理论基础。

2.1.3 创新生态系统理论

2.1.3.1 创新生态系统理论的内涵及特征

创新生态系统（Innovation Ecosystem）理论的发展源于自然生态系统的概念，自然生态系统由共同维持平衡状态的元素组成（Suseno 和 Standing，2018）。管理学中创新生态系统的概念是基于商业生态系统（Business Ecosystem）概念发展而来的（Dias Sant Ana 等，2020），随着参与主体范围的不断扩大，创新生态系统经历了由多部门参与的企业生态系统，到价值链上利益相关者共同参与价值创造的商业生态系统，最终演化为所有主体参与的网络式的创新生态系统，强调生态系统中各成员相互依存的关系、共生演化的聚合网络以及参与主体的价值创造。Adner 和 Kapoor（2010）将创新生态系统定义为一种复杂的关系链接，认为它连接了包括客户、政府、行业协会、媒体和其他利益相关者等众多组织，通过多主体间的联结与互动，来实现技术发展和其他创新行为。Walrave 等（2018）认为，创新生态系统是一个网络，由互动的参与者组成，他们互相依赖并结合自身互补的资源和能力，共享并共同创造价值，并寻求在此过程中获得收益。Pushpananthan 和 Elmquist（2022）以及国内学者孙静林等（2023）将创新生态系统价值共创定义为具有共生关系的参与者在协调作用下，围绕共同的价值主张，为实现互惠共赢而形成的复杂适应行为。

创新生态系统理论具有共生演化和自组织的动态特性，是一种需要多主体进行互动以实现核心价值主张的结盟结构，各参与主体以共生关系为基础实现网络连接，形成动态网络关系并具有一致的价值主张，能够提高企业协作效率并实现资源的精准匹配，强调生态系统参与者之间的相互依赖关系是创造价值的核心（Adner，2017）。有学者总结了创新生态系统与早期的科技园区、技术园区、区域创新系统、科学城市或创新集群等概念的最大区别，主要有以下六个方面：一是更加系统化。创新行为的参与者更加丰富和多样，并且突出了参与者之间的联系。二是数字化技术的作用。创新生态系统中的信息和通信技术（Information and Communications Technology，ICT）在连接创新行动者方面起到了核心作用。三是开放式创新的特征。创新生态系统中的创新是极度开放的，允许各种不同来源的想法、不同渠道的行为（如众包和联盟）融入新产品和服务中。四是创新生态系统具有一定的公共关系价值，如对媒体的吸引力等。五是更强调组织和行业的差异化角色或"利基市场"（Niches），也就是指满足一群细分的顾客需求所占有的市场空间。这些利基市场也可能对应行业价值链中的链接。六是相对于某些技术园区中政府或非政府组织的推动，市场力量更重要。相应地，学者也探讨了创新生态系统与商业生态系统的区别。国内学者研究认为，商业生态系统与科技工业园区等组织联盟形式的最大区别是核心企业的存在，核心企业的存在能够帮助寻找相关互补性企业以提升生态系统的外部适应性。而商业生态系统与创新生态系统的不同之处在于，商业生态系统强调的是价值共取，而创新生态系统更强调价值共创（De Vasconcelos Gomes 等，2018；韩进等，2020），后者的理念就是价值创造与共享，最终实现群体创新的目标（柳卸林等，2022）。综上所述，通常来说，创新生态系统概念更多强调价值创造和协作，但也存在其他关系特征。创新生态系统不是一成不变的，而是不断进化和演化的（韩进等，2020）。参与者行为及其关系也会不断变化，包括协作、补充、竞争以及替代关系。创新生态系统和创新系统等其他概念的一个重要区别是其参与者表现出协作和竞争行为，在这种协作网络中，组织之间的互动既复杂又关键，是将合作与竞争结合在一起的（Granstrand 和 Holgersson，2020）。

2.1.3.2　创新生态系统理论的研究应用

制造企业的发展通常需要管理涵盖多个参与主体的合作伙伴关系（Sklyar 等，2019），当前创新生态系统理论在研究中的应用亦多集中于参与主体的相互关系与价值共创方面，因此为制造企业的相关研究也提供了合适的视角。有学者认为，由于创新生态系统本身就是由共同创造价值和围绕技术平台组织起来的参与者组成的，因此创新生态系统中的交互通常围绕着一个共享资产、标准和接口的技术平台而进行。创新生态系统是一种结盟结构，需要多主体间进行互动以实现价值主张。各参与主体以共生关系为基础实现网络连接，能够提高企业协作效率并实现资源的精准匹配，最终实现价值共创（Pushpananthan 和 Elmquist，2022）。创新生态系统由于具有这种动态机制特征，能够将企业被动的社会网络转化为主动的价值创造链（Dias Sant Ana 等，2020）。

学界普遍认为，创新生态系统由于能够联结众多的创新主体并促进资源的互补和共享，是实现价值共创的重要载体（柳卸林等，2022）。赵艺璇等（2022）通过进一步分析美的智能家居生态圈，指出核心企业可以利用生态系统的生态型社会网络嵌入调动多元异质性生态参与者的积极性，进而共同实现价值共创。具体来说，根据价值主张不同，可以将企业创新生态系统划分为技术主导型和市场主导型两种。不同类型的创新生态系统价值主张不同，资源配置与协同方式也存在差异，因此其价值共创的实现路径也显著不同。辛冲等（2022）从创新生态系统视角出发，发现创新生态系统中参与企业的知识基础会影响价值共创。王璐瑶等（2022）通过分析创新生态系统的协同演化特征，认为创新生态系统中的主体能够实现大规模协同攻关，最终实现价值共创并解决关键技术"卡脖子"的问题。成琼文和赵艺璇（2021）通过问卷数据实证分析了核心企业与生态参与者之间不同价值共创模式、机制所产生的价值共创效应。解学梅和王宏伟（2020）通过组态分析发现，要实现生态系统价值共创需要不同的共创模式与机制的交互组合。

数字经济时代，数字技术打破组织边界，企业间、产业间、生态间的交互协作都更加广泛，企业的发展更加强调协同与共创。在数字创新生态系统中，消费者能够利用社交媒体与利益相关者进行互动，从而共同创造价值（Suseno 等，2018）。由于创新生态系统是动态演化的，其价值共创与创新生态系统的生命周期有关，当创新生态系统逐步趋向成熟以后，便具有了低价值创造、高价值捕获的特征（Dias Sant Ana 等，2020）。总体来看，创新生态系统可以联结多元发展要素，促进多边资源互补，实现"1+1>2"的价值共创效应（白景坤等，2020）。

2.1.3.3 数字创新生态系统

数字创新使企业的商业模式及所处的创新生态系统都发生了改变（Adner 和 Kapoor，2010；Loebbecke 和 Picot，2015）。由于数字技术在整个创新生态系统中具有不可忽视的作用，学者开始强调更加基于数字技术的一种创新生态系统分类，即数字创新生态系统。Dattée 等（2018）认为，模块化是技术采购联盟（Technology-Sourcing Alliance）的作用结果，并在创新生态系统中产生了意想不到的影响。他们认为，创新生态系统包括了一个整合在技术平台上的参与者网络所执行的所有价值创造活动。通常创新生态系统中的交互是围绕一个具有模块化架构的技术平台进行的，技术平台的存在使参与者能够结合各自的产品，为客户提供完整的价值主张。柳卸林等（2022）认为，创新生态系统的模式就是依托平台网络而建立的。而数字创新生态系统可被定义为基于数字技术，组合数字资源与非数字资源，通过生态系统内参与者的关系互动以实现创新的复杂系统（Suseno 等，2018；林艳和卢俊尧，2022），由此可见，数字技术、数字平台在数字创新生态系统中的重要作用。

数字创新生态系统不能简单地理解为"数字创新+创新生态系统"，它是一个更为复杂的系统，结合了数字创新的典型特征与创新生态系统的典型特征（杨伟和刘健，2021）。数字创新生态系统可被理解为数字化转型下创新生态系统的发展与深化，数字技术作为其中的重要因素，成了创新活动的推动因素，并帮助完善了生态系统环境（张超等，2021）。因此，数字创新生态系统的概念包含了数字创新与创新生态系统二者的特征。首先，数字生态系统仍然具有创新生态系统中复杂、开放的关系协同特征。它被认为是一个允许开放、灵活和由需求驱动协作的环境，这些环境通常与数字平台相关（Sorensen 等，2015）。基于数字平台，不仅能够简化组织间的协作，还能促进创新的产生。数字平台、数字技术的引入不仅会推动创新要素的关联和重组，还会促使创新生态系统的演化，这就形成了数字创新生态系统。围绕数字主体而形成的生态系统常被认为是数字创新生态系统。其次，数字创新生态系统延续了数字技术的收敛性、可扩展性、自生长性和模块性等特征，而这些特征又强化了创新生态系统的协调机制（张超等，2021）。在这样的特征下，合作关系与竞争关系都被加倍放大。原本单个企业之间的竞争转变成了生态间的竞争，行业的概念都将日益淡化，最终被生态系统取代。越是拥有良好生态的企业，越能够共享、赋能，从而创造价值（魏江等，2022）。最后，数字创新生态系统有一些有别于一般创新生态系统的独特属性。数字技术的汇聚性使更加广泛的创新主体得到联结，创新的资源可能跨域流动，资源的流动也更加复杂（杨伟等，2020）。数字创新生态系统是为了实现共同价值主张自发形成的多边企业网络组织，而不囿于同一价值链上下游垂直供应链关系（Jacobides 等，2018）。除了创新主体，创新的元素也更加广泛。在数字创新生态系统中，可能越来越多地将物理元素、机械组件和数字技术结合起来（如3D 打印），跨行业的创新合作和竞争成为常态，创新的产出和功能更加新颖、复杂（Candi 和 Beltagui，2019；Beltagui 等，2020）。杨伟和刘健（2021）认为，数字创新生态系统中的生态流量也更复杂，包含了经济流、关系流与技术流，不同类型的生态系统企业可以重点关注某一类流量来促进价值创造。梁正和李佳钰（2021）认为，若想要确保数字创新生态系统中企业的商业价值以及整个生态系统公共价值的实现，则不仅需要企业数据的支持，更需要行业数据和政府公开数据等更广泛数据的支撑。随着创新要素数字化，创新生态系统使参与者之间关系更加动态、开放。企业日益增长的活力为生态系统创新创造了新的机会，但是这些特征也给数字创新生态系统中的参与者带来了挑战。在创新生态系统中，核心企业与其他主体间的关系强度与互动频次会影响组织间边界资源的交换与整合，从而影响合作创新的效果，这种复杂关系尤其要求企业开发新的动态能力以管理这种复杂性（王宏起等，2021）。

创新生态系统与其他联盟概念的区别如表2-1所示。

表 2-1　创新生态系统与其他联盟概念的区别

概念	主要推动力量	参与者	关系特征	核心功能
科技园区、技术园区或创新集群等	政府或非政府组织的推动	以共同目标针对性结成的一部分组织，没有核心企业，有进入与退出机制	合作、补充	通过价值共取实现技术发展和其他创新行为
商业生态系统	业务推动	个体、企业、政府和非政府组织等众多参与者，存在核心企业，有进入与退出机制	合作、补充	通过价值共取实现价值创造，形成企业"护城河"以保持竞争优势
创新生态系统	主要由市场推动、自发形成	个体、企业、政府和非政府组织等众多参与者，可能存在核心企业，成员间无完全的等级控制，成员自由进入、退出	动态的合作、补充、竞争、替代	通过价值共取与价值共创实现创新发展，保持长期竞争优势
数字创新生态系统	基于市场和技术自发形成	个体、各类组织等更广泛的参与者，可能存在核心企业，成员间无完全的等级控制，成员自由进入、退出	更复杂动态的、增强的合作、补充、竞争、替代	基于数字技术通过价值共取与价值共创实现创新发展，保持长期竞争优势

2.1.3.4　创新生态系统理论在本书中的适用性

首先，在环境的巨大变革下，以上概念共同强调了数字技术带来的开放性与网络关系的复杂性。开放性在提供资源方面能够发挥关键作用，但数字技术的汇聚性使参与主体与资源流动都更加复杂，参与者组成了一个有复杂网络关系的创新生态系统（Pushpananthan 和 Elmquist，2022）。创新领域学者面临的挑战一直是如何构建、理解和解释普遍数字化所带来的创新体系（Lyytinen，2022）。创新生态系统理论提供了合适的研究视角。创新生态系统的发展与演化为企业带来机遇的同时也带来了挑战。一方面，由于创新生态系统具有动态性和复杂性等特征（韩进等，2020），创新生态系统中不断演化的复杂网络关系可以帮助企业扩大与利益相关者的链接，实现资源互补，更利于实现价值共创，促进创新活动的开展。另一方面，企业也必须有识别和管理这种复杂性的能力，才能保持在生态系统中的竞争优势。这样一个高度动态的生态系统要求企业开发新的动态能力，然而现有研究仍缺乏对创新生态系统所需的动态能力的总结（Linde 等，2021）。已有研究发现，数字化相关的动态能力与企业所处的生态系统互相成就（Sjödin

等，2021）。企业需要利用其合作网络吸收并整合内外部资源完成创新（高良谋和马文甲，2014）。创新生态系统理论为复杂网络关系下的数字创新能力研究提供了合适的视角。因此，本书拟探讨在创新生态系统中，企业数字创新能力如何促进商业模式创新。

其次，创新生态系统的概念尤其强调企业与合作伙伴协同合作以解决问题。相较于一般的创新系统，创新生态系统由于无边界的协同特征增强了参与者的创新能力（张超等，2021）。但这种协同合作也面临着协同发展的依赖风险和价值链的整合风险等问题（Adner，2006）。因此，企业需要在创新生态系统中考虑两大关键问题：一是从合作的角度，利用创新生态系统的复杂网络关系特征，构建何种能力与战略以更好地实现价值创造；二是从竞争的角度，需要何种能力与战略创造独特的竞争优势以尽量规避协同发展的依赖风险。在创新生态系统中，不同的参与者应根据自身情况制定各自的生态系统战略，例如，核心贡献者应最大化创造价值，而市场专注者应进行差异化的考虑（韩进等，2020）。在创新生态系统中，信息、技术、人才、资金、市场等各类资源要素集聚形成了创新的土壤，企业需要借助技术及能力集成找到最佳生态位，并且要随着环境的变化持续调整创新能力以及战略行动（马宗国和范学爱，2021），以保持长期可持续发展的竞争优势。

2.2　文献综述

2.2.1　商业模式创新

2.2.1.1　商业模式创新的概念与发展

大量学者从不同视角探讨了什么是商业模式。例如，魏炜等（2012）基于利益相关者理论，认为商业模式是"利益相关者的交易结构"。直观地从企业经营和组织目标视角出发，Massa 等（2017）认为，商业模式是对一个组织的描述，以及该组织如何实现其目标（包括盈利及社会影响等）。商业模式描述了一个组织如何创造、交付和获取价值。

基于商业模式的概念，国内外学者诠释了商业模式创新的内涵。Chesbrough（2010）从技术创新视角出发，认为商业模式创新是技术创新的商业化。魏江等

（2012）认为，商业模式本身就是复杂的，基本至少包含三个方面的内容：客户价值主张、价值创造和价值获取。因此企业需要从这些方面着手才能创新商业模式。此外，商业模式创新具有动态性。Sabrina 和 Patrick（2013）认为，商业模式创新代表了一个公司对不断变化的价值创造来源的反应，并要求企业将环境中的不确定性视为需要探索和利用的潜在机会来源。由于商业模式不仅与客户价值主张、价值创造和价值捕获的变化相关，还涉及产品或经营过程的变化，因此商业模式创新更复杂，是一种更加彻底的组织变革（Velu，2015）。Clauss（2017）总结了大量商业模式创新的已有研究，认为商业模式是由价值创造、价值主张和价值捕获三大核心维度组合而成的。其中，价值创造是企业利用组织资源和能力创造价值的方式。价值主张定义了企业对客户问题的解决方案及方案提供方式。价值捕获主要指价值主张如何转化为收入。总体来看，商业模式创新有助于提高企业绩效并树立符合社会需求的价值导向（李武威等，2019）。基于文献发现，学者对于商业模式创新的一个共同理解是，无论从技术视角还是营销视角，抑或总体视角，商业模式都描述了企业运营的总体逻辑，包括价值主张、价值创造和价值捕获三个关键组成部分，并要求企业识别和感知所处环境中的变化和机会（Trischler 等，2022）。

2.2.1.2 商业模式创新的分类与测量

学界基于 Zott 和 Zmit（2008）的研究，将商业模式创新分成创新型与效率型。创新型商业模式创新，主要是指企业通过引进全新的合作伙伴或对交易方式的重新设计来进行创新；而效率型主要是指企业对原来传统运营模式进行优化设计等。研究发现，效率型商业模式创新能够促进企业绩效的提升。例如，外贸企业进行效率型商业模式创新后，改善了交易结构与管理方法，降低了与利益相关者的合作成本和风险，从而提高了中小企业的贸易效益（李武威和李恩来，2021）。学者使用该分类方式对商业模式创新的效果进行研究后发现，在一般情况下，以新颖性为中心的商业模式与企业绩效之间的积极关系更加明显（Guo等，2018）。在此基础上，有国内学者认为，商业模式创新是网络经济时代企业转型升级的重要载体，因此，基于中国转型经济的新情境，可将商业模式看作由一系列设计要素所组成的综合体，对商业模式创新进行了新的维度划分，将其分为开拓型商业模式创新和完善型商业模式创新。其中，开拓型主要预测市场需求来重新构建交易以引领市场；完善型则重点关注客户的显性需求并作出反应，重在调整和完善已有的交易结构和规则，应对式地优化市场行为（罗兴武等，

2018）。

近年来，Clauss（2017）对商业模式创新的分类也得到了大量关注，其从价值主张创新、价值捕获创新与价值创造创新三个方面来衡量商业模式创新。这种分类方式较好地反映了商业模式是描述价值创造的一种设计。其中，价值主张主要考虑了企业为客户提供产品或服务的内容与方式，如是否满足了用户的需求、是否充分开发了新的产品或服务来增强用户的黏性，主要关注新市场、新用户和新关系。价值捕获强调了企业获取利润的方式，如盈利模式等。价值创造则主要考虑企业如何通过自身的能力、利用自身的技术或调动自身资源来实现价值的创造与传递。近年来也有许多研究采用此分类方式，如郭海和韩佳平（2019）借鉴该分类法测量并探讨了商业模式创新对企业绩效的影响。

关于商业模式创新的测量，Bouwman 等（2019）认为，现有大部分对商业模式创新的定量研究并没有将其核心概念或特征与商业模式创新的本质联系起来，他们或通过产品发布和外部融资（Velu 和 Jacob，2016），或使用虚拟变量"咨询商业模式、技术商业模式和软件商业模式"（Clausen 和 Rasmussen，2013），或通过公司财务指标（郭晓川等，2021；史亚雅和杨德明，2021；张省和杨倩，2021）来间接衡量商业模式创新，而并没有测量商业模式创新本身。Bouwman 等（2019）研究认为，Spieth 和 Schneider（2016）以及 Clauss（2017）通过内容分析法分类解析了商业模式创新，具有较大的贡献。他们认为，商业模式创新是一个多方面的全面变革，总体分为新的能力、技术、流程和结构、伙伴关系、产品、客户细分、渠道、客户关系、收入模型、成本结构十个方面，其开发出的量表能够较完整地测量商业模式创新。同样地，国内学者也发现，传统创新创业框架和模型通常通过评估企业家预先设计的商业计划的执行效果，来判断其是否成功。但新兴的创新模式如何进行衡量？如商业模式创新的衡量。商业模式创新更强调前期用户的黏滞性和可扩展性，而不追求短期的利润最大化。如果按照传统利润最大化的方式来衡量，会产生错误的结论（柳卸林等，2020）。因此，Clauss（2017）建议，如果研究人员想要探索什么样的聚合过程会导致商业模式的变化，如某些推动因素对商业模式创新的影响，则可依赖二阶维度量表来测量商业模式创新，从而获得更全面的理解。并且其提出的价值捕获定义了价值主张转化为可持续的企业绩效的过程，亦是适合测量可持续商业模式创新的合适指标。

2.2.1.3 数字经济时代的商业模式创新研究

商业模式创新被认为与企业能力和企业战略紧密相关。例如，陈菊红等（2020）证实了在服务化情境下，服务化战略对商业模式创新有正面促进作用，并最终通过商业模式创新对企业绩效起到正向影响作用。马蓝（2019）验证了双元创新能力对企业商业模式创新的促进作用，发现渐进性创新能力与突破性创新能力均能正向影响商业模式创新。研究发现，需要商业模式创新的企业，其面临的挑战并不局限于发展新的商业理念，而是同时涉及（重新）部署和使用现有的资源和能力，以开发新的价值产品或价值创造的形式。

数字经济时代下，由于外部环境不确定性的增加，学者普遍认为，企业创新商业模式变得更加重要，是保持企业竞争优势的有效方式。数字技术的兴起使制造企业需要选择、完善甚至重新构建新的商业模式来实现价值创造（杨东等，2021）。由于数字技术的发展颠覆性地影响着商业生态，为了满足不断变化的市场需求，企业需要通过商业模式创新使自身成为创新生态系统中的有机体（包宇航和于丽英，2017），创新商业模式成为企业保持长期竞争优势的必然需求。研究认为，数字经济时代的商业模式创新有三大趋势和特征：一是基于用户流量的价值创造；二是提供差异化、个性化的产品与服务；三是经营业务的跨界融合（史亚雅和杨德明，2021）。商业模式的要素、过程和目标结果都随着数字技术的发展呈现出新的特点（肖红军和阳镇，2020）。因此大量研究开始关注数字技术对于商业模式创新的影响。研究普遍认为，数字技术能够更好地帮助企业实现商业模式创新。例如，基于由数字平台的点对点资产共享能够使用户在平台上更好地共享价值进而促进可持续商业模式创新的实现（Piscicelli 等，2017）。Teece（2018）认为，在一个充满竞争和交叉的数字平台世界中，互补的资产和互补的技术比以往任何时候都更重要。Li（2020）通过对创意产业的研究发现，这类企业的商业模式创新主要反映在数字技术使用方面。具体来说，同一企业可能借助数字技术使用多种商业模式来服务不同的细分市场或销售不同的产品。

然而除了资源和技术，在数字经济中，一个好的商业模式设计也是至关重要的，要实现这种商业模式设计就要求创新者协调互补资产、匹配企业战略和能力。之后众多研究结论也印证了 Teece（2018）的观点。当前对于数字技术驱动的商业模式创新的研究也发现，对于大多数企业来说，单纯的数字技术可能无法很好地实现商业模式创新，而需要企业发挥相关的数字化能力或其他动态能力，甚至单个数字化能力需要在其他动态能力的帮助下才能够促进商业模式创新。例如，Ciampi 等（2021）认为，大数据分析能力是一种低阶动态能力，它对商业模式创新的影响是由创业取向（Entrepreneurial Orientation，EO）——一种高阶动态能力所介导的。

数字化情境下，数字技术或数字化能力虽然是促进商业模式创新的重要因素，但不是唯一因素。有学者发现，价值共创的网络、商业模式参与者的行为导向、对技术的掌握、组织的管理与规则，以及商业模式的复杂性都对商业模式创新有重要触发作用。反过来，商业模式创新也终会促使组织形成适应的敏捷度与资源管理能力。Bashir 和 Verma（2019）建立了商业模式创新、企业战略柔性、竞争优势与企业能力之间的联系，研究发现，技术不是商业模式创新的唯一前置因素，组织内部的各种因素均与商业模式创新密切相关，企业可以通过简单地改变价值实现机制来创新其商业模式。学者还认为，先前关于商业模式的研究较少考虑战略领域，主要是因为商业模式创新与企业战略有重叠的部分，提出在未来的研究中可尽量区分企业战略与商业模式创新，探讨二者的联系与区别（Massa 等，2017；Bashir 等，2020）。

商业模式创新相关研究表明，商业模式创新的内涵与测量方式因为视角不同而具有一定差异。数字化情境下，尽管大量学者对数字技术对于商业模式创新的驱动作用进行了持续关注，但数字技术并不是影响商业模式创新的唯一前置因素。已有研究提示企业需要更多考虑数字要素带来的环境变化及其对组织能力的考验，启示后续研究从更全面的视角考虑数字化情境下影响商业模式创新的因素。

2.2.2　数字创新能力

2.2.2.1　创新能力的发展演化

探讨数字创新能力这一较新的概念，需要对创新能力的相关文献进行回溯。以往众多研究发现，创新能力是一个系统而复杂的组织能力，也被认为是企业能力中的一项高阶能力。Zhu 和 Cheung（2017）指出，企业创新能力是企业对其人才、设备、知识以及管理等各方面创新资源的全面整合能力，并非只是一种简单的产出能力。Lawson 和 Samson（2001）提出包含公司的愿景和战略、组织智力、创意与创意管理、组织结构与系统、文化与氛围等要素的创新能力结构。张军等（2014）认为，创新能力包含了变异感知、信息诠释、创新决策与创新实施实现四个能力模块。Gullmark（2021）通过对公共部门组织的研究发现，低程序化的创新能力（Low Routinized Innovation Capability）由以个人企业家素质和领导技能为形式的动态管理能力构成，高程序化的创新能力（Highly Routinized Innovation Capability）则来自由创新激励程序、过程、工具和结构组成的动态组织能力。过去对组织创新能力的研究认为，创新能力是一个多维度性质的组织综合动态能力，且更聚焦于组织内部的资源配置与整合。在创新能力相关研究中，关于技术创新能力的探讨最为广泛。

企业的创新能力并不是一成不变的，而是可以在不同的阶段不断习得和发展的（许庆瑞等，2020）。王生辉（2006）认为，技术创新能力是会随着时间演化和更新的。数字经济时代，数字技术与平台的出现，改变了组织创新的过程与方式。组织从过去的正式合作形式向基于生态的合作方式转变，组织围绕技术平台使用共享的技术资产，产生互补性的价值创造、获取和内外共享（柳卸林等，2020）。企业不仅可以利用自身积累的数字技术，还可以利用从外部获取的数字解决方案来不断创造新的价值。因此，随着组织创新能力的发展，其维度及核心要素也发生了变化。Nasiri 等（2020）认为，企业中与数字相关的人力能力、协作能力、技术能力和创新能力对提高企业整体创新能力有正向作用，并由此发展出数字创新的概念。而数字化情境下的创新能力不仅关注与技术相关的能力，也更关注数字技术带来的开放性在提供企业所需的资源方面发挥的关键作用（Nambisan 等，2019）。数字创新能力与企业传统创新能力不同（见表2-2）：首先，数字创新能力更强调通过对数字技术的应用来获取和创造价值，而传统企业创新能力可能更强调通过设置职能部门等传统方式开展活动。例如，企业设置专门的市场研究岗位负责收集市场与客户需求变化信息，通过销售人员、市场研究人员等随时监控现有市场与潜在市场的动态（张军等，2014）。而在数字化背景下，具备数字创新能力的企业可以通过数据智能分析能力（刘洋等，2021）完成大部分的市场调研与客户分析工作。其次，数字创新呈现出创新过程无边界、创新机构更分散、创新产出与过程不可分等特点（Nambisan 等，2017）。数字创新与传统创新活动相比，呈现出创新过程和创新产出相互交织、创新主体高度动态化的特点。企业会通过构建数字创新生态系统来开展数字创新（杨伟等，2020）。基于这些特点的创新会大幅提高企业对资源的利用能力，有力拓宽未充分利用资源的范围，进一步提高揭示潜在需求的能力，从而提升创造新需求的水平（王强等，2020）。

表 2-2　传统创新能力与数字创新能力关键要素变化

创新能力	创新主体	创新目的	创新机会感知	创新工具应用	创新资源配置
传统创新能力	单个组织为主	响应需求	内部资源依赖	获取价值	业务与技术分离、资源有边界、重组效率低
数字创新能力	广泛多组织协同	响应需求创造需求	数据驱动敏捷、精准	获取价值+创造价值	业务与技术互融、资源无边界、重组效率高

资料来源：笔者整理。

2.2.2.2　数字创新与数字创新能力

近年来，大量学者对数字创新（Digital Innovation）以及数字创新能力（Digital Innovation Capabilities）进行了定义。部分学者基于信息技术视角，把数字创新视为组织采用的新兴技术基础设施导致的结果（Scott 等，2017）。该视角侧重于描述技术的作用，认为数字化与信息化不同，连接（Connection）和计算（Computing）相关技术的质变是区分数字技术与传统 ICT 技术的关键（刘洋等，2021），这种基于数字的连接能确保人和物体、人与人之间的实时互通，使企业能够连接无数节点进而组成庞大的网络。并且，数字化应包含企业运营的全要素、全流程和全领域。数字化实现程度越高，数字化涵盖价值链各环节就越全面（李兰等，2022）。因此，企业的数字化能力更强调数据连接与分析能力，强调对以往信息系统的重组、整合及优化（王强等，2020），以及对企业全域的改造。

基于数字化的特性，多数学者认为，数字创新是企业通过对数字技术的运用、对数字资源的重组以获取新知识、新产品或服务并实现价值创造的过程（Nambisan 等，2017；Edu 等，2020）。例如，谢卫红等（2020）从组织管理视角出发，认为数字创新不能仅被视为信息技术创新的子集，数字创新能力的重点不在于技术本身，而在于企业生产和运营的技术与业务的深度融合中（吉峰等，2022）。因此，该视角下的数字创新是基于数字资源并深度融合了企业业务、文化、工作流程等多方面的一项综合管理活动，并且更关注创新过程（Svahn 等，2017）。Kohli 和 Melville（2019）认为，数字创新是包括启动（触发、机会识别、决策）、开发（设计、开发、采用）、实施（安装、维护、培训、激励）和利用（最大化回报、利用现有系统/数据实现新目的）的四阶段活动，同时受到外部竞争环境及内部组织环境的影响。组织的现有背景是数字创新的关键，包括商业战略、文化和可能对数字创新产生重大影响的工作方式，这种组织背景既可以塑造数字创新，也可能被数字创新计划所塑造。Svahn 等（2017）认为，数字创新的实现必须平衡好企业现有的创新能力、创新焦点、创新合作与治理。数字创新在技术、过程、成果上与传统创新均存在区别，在企业边界、企业间竞合关系等方面也呈现出不同特征（曲永义，2022）。因此，在数字创新过程中，企业能力的变化、竞合关系的特点均值得进一步研究。

基于数字创新的概念，学者也关注了数字创新能力的概念发展与内涵。刘洋等（2021）认为，数字创新能力是企业对数字化运营活动进行配置与管理以构筑竞争优势的能力，包含四个子能力维度，即数字连接、数据聚合、智能分析与重组创新能力。Edu 等（2020）认为，数字创新能力是组织扩展和集成大数据分析、云计算等数字技术以提升组织整体能力的一种能力。Annarelli 等（2021）、Kohli 和 Melville（2019）研究发现，企业数字创新能力的提升能够提高平台企业数字资源的传递价值，更好地激发网络效应，并催生出新的价值创造。罗兴武等（2023）指出，数字创新能力是从环境中扫描和吸收知识，通过利用数字技术和部署资源创造性地提出解决方案的能力，其本质是驱动企业对原有产品、流程或商业模式的变革。

由此可见，数字技术的发展重构了企业创新的过程和协调机制，如何将数字技术转化成创新优势是当下组织战略管理的核心议题。研究发现，企业需要重构组织能力体系以适应数字化发展的要求（Amit 和 Han，2017）。企业不仅要拥有数字资源，还必须具备有效积累、整合和开发多元化资源的能力（王强等，2020）。随着创新资源不断数字化，组织创新需要结合数字技术自身特点，这要求企业具备新的创新能力，尤其是与数字相关的创新能力（Nasiri 等，2020）。尽管创新能力的相关研究成果已不少，对动态能力的研究也很多，然而关于如何构建企业数字化动态能力的研究却很少（Tortora 等，2021），且现有研究对这些能力的本质尚未给出很好的回答（Brewis 和 Strønen，2021）。

以往学者认为，创新能力是组织内部的一项动态能力，其研究关注点在于该动态能力形成的过程以及发展该能力需要的要素。企业创新能力构成的核心要素也随着企业内外部环境的变化而发展演化。企业创新能力的发展与提升通常无法独立完成，而是在创新生态系统的作用下，在各个部门与各利益相关者的帮助下，整合基础组织能力、协调控制能力与协同进化能力逐步完成的。由于数字技术的模块性和交互性，企业能通过持续性的创新有效满足用户需求，能够快速响应市场的动态需求，并以用户需求为核心进行交互创新。数字化转型下或数字经济时代下的组织创新能力值得进一步研究。

综上所述，数字创新能力作为新情境下的一种动态能力，是数字创新的核心（魏江等，2021），然而其内涵和定义尚未统一。现有研究存在以下不足：①当前对数字创新能力的解构多基于技术视角且聚焦于技术带来的创新产出，忽略了数字技术与企业文化等非技术因素的协调作用（Gonçalves 等，2022）。例如，Edu 等（2020）认为，数字创新能力是组织扩展和集成大数据分析、云计算等数字技术以提升组织整体能力的一种能力。刘洋等（2021）认为，数字创新能力是组织利用及部署数字资源以实现创新的能力。然而，在复杂开放的创新生态系统中，创新是组织内外部环境共同作用的结果，与数字相关的协作能力是实现数字化发展所必需的能力之一（Nasiri 等，2020），现有研究缺乏对此的思考。②就理论构建而言，现有研究大多从资源基础理论或动态能力理论出发，鲜少关注创新理论的发展演化，而传统创新理论对于数字技术驱动下的创新的解释力和适用性不足（Barrett 等，2015；Nambisan 等，2017）。数字经济时代下，企业所拥有的关系更加复杂、资源流动更加频繁，合作关系中技能与经验的多元化可促进创新（盛伟忠和陈劲，2015）。创新生态系统理论提供了合适的研究视角，启发本书基于复杂网络关系考虑企业的数字创新能力内涵。③数字创新与企业传统创新的能力维度有何不同？对此，相关研究仍缺乏具体阐释。虽已有部分学者细化出数字创新能力的具体能力维度，但很少有学者在中观层面通过量表开发提出测量维度和具体题项，并进行实证分析。

2.2.3 价值共创

2.2.3.1 价值共创的内涵与发展

价值共创是由多个行为主体共同参与到企业的生产、服务等活动中，通过开放互动和资源整合以实现价值创造和增值的动态融合过程（Storbacka 等，2016）。价值共创是企业在与其他一切利益相关者的开放协作中产生的，强调多元参与主体跨边界的复杂关系（苏涛永和王柯，2021）。价值共创思想源于共同生产。之后，价值共创研究视角逐渐转变为关注顾客与企业二元互动关系的服务主导逻辑。但随着数字技术的发展，组织边界的融合使价值共创的参与主体更为广泛和复杂，客户、供应商、各类合作伙伴甚至非人类主体都可以是企业价值共创的参与者。同时，创新生态系统更注重价值共创多元主体间的共生共演，价值共创焦点从传统垂直的线性价值链转变为虚拟化、动态化和相互交织的生态系统。创新生态系统视角下的价值共创是由多行为主体共同参与到企业的生产、服务等活动中，通过协调各方利益和跨界协作，促进开放互动和资源整合以实现价值创造和增值的动态融合过程。以往研究过多地强调在价值共创过程中顾客的主导作用，忽视并限制了组织的重要推动作用，对组织间价值共创的重要性关注度不够（Lankoski 等，2016；Agrawal 和 Rahman，2019）。Breidbach 和 Maglio（2016）为价值共同创造的本质提供了新的解释。

随着数字经济的发展，跨界融合使组织间的合作具备多层次、动态性的特征，组织间的关系决定着价值共创能否实现（王涛，2021）。社会网络的嵌入性和价值共创参与机构的多样性使企业所处环境更加复杂，价值共创受到组织各层次的互动和资源整合的影响（Akaka 等，2013）。因此，后续研究以定性方法为主探讨了组织间关系对价值共创的影响。例如，赵艺璇等（2022）通过案例研究发现，组织间共生关系能改变组织间价值共创模式。王涛（2021）通过理论推演，从界面管理视角分析发现，组织间因异质性导致的结构脱嵌和关系减弱不利于价值共创的实现。不同性质组织需要破除边界壁垒实现跨界融合来促进价值共创（Kohtamäki 和 Rajala，2016）。江积海和李琴（2016）通过案例研究分析了平台型企业的结构和连接属性对价值共创的影响，发现加强参与者之间的关系强度和密度对知识创新有积极促进作用，并最终使价值共创得以实现。例如，内容共创的服务类公司应采取各种形式的知识治理方式推动公司与用户之间的信息资源共享（王发明和朱美娟，2018）。

2.2.3.2　价值共创与商业模式创新

大量研究已证实，价值共创活动能正向影响创新行为。由于价值共创机制能帮助企业突破资源依赖，与价值共创参与主体进行资源的交换与整合，能够从根本上推动企业创新（戚聿东和肖旭，2020）。首先，价值共创被证实与企业的商业模式创新密切相关，企业可以与内部员工、消费者或其他多个组织进行价值共创以实现商业模式创新。价值共创可以使公司内部的人员关系、技术交流等更为紧密，实现公司共同成长、技术共同进步，从而推动商业模式发展（Leticia Santos-Vijande 等，2016）。其次，Amit 和 Zott（2012）认为，商业模式创新是企业根据当前的市场环境，通过设计新的经营机制为顾客提供新价值从而获得最大收益的过程。而消费者是商业模式的重要组成要素，企业需要依据其需求水平与偏好对商业模式进行动态调整（陈劲等，2022）。因此，价值共创使用户极大限度地刺激了企业的商业模式创新。最后，商业模式创新本质上是通过为利益相关者创造和获取价值的新行动而对企业经营模式的重新探索，因此组织间共同创造价值能够促进商业模式的创新。

尤其在数字经济时代，价值共创被视为一种重要的企业数字战略，通过共享赋能价值创造（魏江等，2022）。首先，数字战略描述了价值创造过程中资源转换的途径，尤其当产品和服务很难满足不断变化的客户需求时，数字战略就会发挥作用（Matt 等，2015；Kraus 等，2019）。数字战略与传统战略最本质的区别是基于数字技术的战略具有代表性、链接性与聚合性特征（Adner 等，2019）。信息系统与数字技术的参与，催生了数字价值共同创造网络（Digital Value Co-Creation Networks），使分布式经济和社会参与者能够交换、整合他们的资源，以实现价值的共同创造（Blaschke 等，2019）。Breidbach 和 Maglio（2016）研究发现，复杂 B2B 系统中的经济行动者在技术支持下更容易交换稀缺资源，从而实现价值共同创造。数字技术的连接性能够发挥网络效应使企业与更多主体互动，并将企业原来"金字塔"式的组织结构转变为平台型组织结构，为多主体价值共创提供支持，使参与者更易于参与创新（Gawer，2014）。其次，Khin 和 Ho（2019）认为，数字战略不仅要考虑对数字资源的利用，更需要关注商业模式重组的问题。由于在服务行业中，顾客的参与和嵌入会正向影响价值共同创造行为（Laud 和 Karpen，2017），而数字技术的应用能够充分激发用户参与到产品创新甚至企业创新管理中（古安伟等，2022），因此数字化情境下的价值共创作为一种数字战略与商业模式创新有更加紧密的联系。

综上所述，价值共创离不开利益相关者之间的关系互动，并且价值共创是数字化情境下企业战略的重要组成部分。早期的价值共创研究主要关注企业与顾客之间的二元互动关系，通过增进对顾客需求的了解来提升产品与服务的质量，进而创造新的价值。随着时代的发展和理论的进步，价值共创发展为更多参与主体的关系互动过程，逐步成为基于整个创新生态系统网络的协同性共创。从企业角度来看，价值创造超越了单个组织的范围，依赖于社会网络、整个生态系统的支持，并且价值共创与创新行为有着密不可分的关系。数字化情境下，价值共创作为以合作系统为基础的数字战略，在商业模式创新中扮演的角色还值得进一步研究。

2.2.4　差异化战略

2.2.4.1　差异化战略的内涵与发展

差异化战略的内涵多是在波特等提出的竞争战略理论的基础上发展的。差异化战略的核心即强调独特性，是企业提供与众不同的产品或服务的战略（Porter，1980）。冉秋红和邓赫（2022）认为，与采用成本领先战略的企业不同，采用差异化战略的企业对技术壁垒的要求更高，必须提供具有独特性的产品和服务才能获得优势。但正是由于产品或服务的独特性，这一策略的优势是降低客户对价格的敏感性，使客户可能支付更高的费用（Zehir 等，2015）。并且，相较于其他企业战略，差异化战略对中小企业更为有利（Knight 等，2020）。而对于制造企业来说，服务差异化能够明显提升企业竞争力（蔺雷和吴贵生，2007）。

当前研究对于差异化战略有许多分类，许多学者通过多个维度对差异化战略进行了细分研究，主流的包括产品和市场的差异化战略、服务和创新的差异化策略等（Amoako-Gyampah 和 Acquaah，2008）。更加细分的研究有商业模式差异化战略（Bryson 等，2007）、品牌差异化战略（Zaichkowsky，2010）、数字产品差异化战略（Van Angeren 等，2022）等分类。而采用差异化战略公司的目标基本是通过独特的产品质量、定制的捆绑服务和卓越的客户服务来提供卓越的内在价值（Ameer 和 Othman，2021）。Brenes 等（2020）将差异化战略分为营销差异化战略、经营技能差异化战略、创新差异化战略等，探讨了拉丁美洲农业企业的高感知价值分化策略。

随着企业所处环境的变化，学者开始关注传统差异化战略在数字化环境下是否仍然适用的问题。在数字经济时代，数字化的战略一定要与业务战略融合，才能在变革的环境中抓住商业价值创造的机遇。战略管理的研究者认为，数字化转型是一个企业组织变革与战略变革的过程，在这个过程中，企业尤其要注意利用数字资源创造差异化的价值，这样才能获取长期优势（Bharadwaj 等，2013）。有研究发现，数字背景下的竞争问题是原型产品时常被其他公司模仿（Wen 和 Zhu，2019）。因此，独特性就变得更加重要（Van Angeren 等，2022）。由于数字要素的自生长性特征，参与者要想在数字生态系统中保持长期优势，就必须避免同质化竞争（魏江等，2022）。在创新生态系统中，由于参与者众多，因此更加强调由组织和行业所占据的"利基市场"，即在较大的细分市场中满足一小群顾客需求所占有的市场空间。这些利基市场也可能对应于行业价值链中的链接。学者通过分析数字化情境下数字化战略与传统战略的区别，发现波特的竞争战略理论，尤其是差异化战略与成本领先战略在数字经济时代仍然有效（魏江等，2022）。但值得注意的是，在波特的竞争策略中，往往单独使用其中某个策略会对企业营利产生较好的影响，同时使用差异化战略与成本领先战略反而会对企不利（Lee 等，2021）。Liu 等（2018）从组织策略和能力的角度出发，发现企业的动态能力能够通过差异化战略来影响竞争优势。

2.2.4.2　差异化战略与创新研究

研究普遍认为，差异化战略对创新行为有正向影响并能够提升企业竞争力。例如，创业导向能够通过差异化战略显著提高企业绩效（Zehir 等，2015）。采用差异化战略的企业更易于通过突破式创新实现企业绩效的提升（田立法等，2015）。张爱辉（2017）发现，选择差异化战略的企业，更容易加大技术创新投入，从而正向影响企业创新。Knight 等（2020）认为，差异化战略为有资源约束的中小企业提供了特别重要的竞争优势。王文华等（2021）发现，差异化战略能显著促进企业探索创新和开放式创新。

但也有研究发现，差异化战略与创新的关系并不一定都是积极正向的。差异化战略或许要在其他条件的作用下才能促进企业的发展与创新。例如，丁锋等（2019）通过对跨境电商的研究发现，单纯提高服务差异化程度无法确保企业竞争力的提升，而当服务差异度高的跨境供应链采用集中策略时，就可以获得更多的利润。冉秋红和邓赫（2022）通过研究科创板企业发现，差异化战略下的企业由于要追求一种独特性，创新风险是很大的。因此，需要企业股权激励契约结构设计与企业差异化战略匹配产生激励效果，才能更好地与科技创新产生协同效应，最终促进企业技术创新与产品创新。数字化情境下，差异化战略与创新的关系也得到了关注。武常岐等（2022）对传统的竞争战略和新型数字化业态的协调问题进行分析，发现成本领先战略会抑制数字化转型带来的全要素生产率提升，而差异化战略虽然不存在与数字化转型不适配的问题，但是对数字化转型给企业带来的积极作用没有更多助益。Van Angeren 等（2022）聚焦于数字产品的差异化、独特性与企业绩效的关系，研究发现，这种关系与产品的收入模式相关：付费产品的关系是倒"U"形，而免费产品的关系是"U"形。

综上所述，差异化战略作为一种传统的企业竞争战略，在数字经济时代仍然有效，尤其是面对越来越细分的市场和越来越定制化的顾客需求。然而，在众多的研究中，关于差异化战略与创新的关系并未得到一致的结论。在数字化情境下，差异化战略是否对创新有正向影响也需要进一步探讨。差异化战略是否在数字化情境下正向影响商业模式创新，值得进一步分析。

2.2.5 战略柔性

2.2.5.1 战略柔性的内涵与发展

在数字化环境下，企业面临的不确定性进一步增加，继续沿用一成不变的战略定位和资源组合将无法保持长期的竞争优势，企业需要依赖动态能力来不断重塑、配置资源（陈冬梅等，2020）。在开放式创新的背景下，战略柔性是一种动态能力。与一般的动态能力不同，同样作为配置和利用资源的能力，它不仅是组织为了应对环境动荡而在内部进行的资源和能力的适配，更是通过外部创新网络驱动组织与外部创新主体协同合作，以实现战略目标的动态能力（周飞等，2019）。与其他动态能力相同的是，这种能力是可以培养和习得的，企业可以通过组织学习促进组织再学习，从而提高战略柔性（Zhao 和 Wang，2020）。战略柔性与战略敏捷性不同，战略柔性可以作为前置因素影响战略敏捷性。当资源柔性较高时，可以减少对所需资源的搜索时间，因此新产品可以快速上线获得市场领先地位。当企业的协调柔性较高时，可以帮助企业减少成本、时间和精力的耗费，通过整合和重新配置内外部资源更高效地执行组织战略（Chan 等，2017）。

Jiang 等（2022）认为，战略柔性能够促进组织的双元灵活性，而这对于环境不确定下的企业发展是非常重要的。当前企业所处环境面临着持续的价格波动、供需的突然变化和极端的波动，因此提高信息质量并且利用战略柔性对于预测环境变化、适应环境变化、主动应对变化就极为重要（Sen 等，2022）。随着企业所处环境的不断变化，学者开始关注不同类型的战略柔性对企业的影响。有学者认为，擅长将企业资源用来实现创新目标的公司通常具有基于创新的战略柔性（Innovation-Based Strategic Flexibility），且这种基于创新的战略柔性对企业利润增加有促进作用（Arunachalam 等，2022）。冯文娜和刘如月（2021）、Jiang 等（2022）指出，战略柔性整体上反映了企业整合、利用资源以应对变化的能力和水平，可根据作用功能的不同分为资源柔性和协调柔性。其中，资源柔性反映了资源的适用范围、转换成本、转换难度和转换效率；协调柔性则反映了利用资源过程中对资源的协调和整合能力。基于该分类的研究发现，资源柔性有利于强化异质性、达高性和联结强度对企业数字化建设的促进作用，而协调柔性能够正向调节网络规模和达高性对数字化建设的影响，对企业数字化建设有正向的影响（宋晶和陈劲，2022）。庄彩云等（2020）认为，战略柔性可分为反应型战略柔性与前瞻型战略柔性，反应型战略柔性更加强调适应性，主要是指企业对外部环境做出反应的能力；而前瞻型战略柔性强调一种主动性，是企业主动出击，通过配置资源先发制人，保持组织敏捷性而采取措施的能力。并且，通过分析发现，这两类战略柔性均对绩效创造有显著促进作用。Kandemir 和 Acur（2022）将主动型/前瞻型战略柔性（Proactive Strategic Flexibility）描述为一种通过获取、转换和重新配置资源，使企业能够适应和预测未来新产品开发需求的一种能力，这种带有预见性的动态能力能够促进产品的创新开发，并且更好地提高公司绩效和产品竞争力。

2.2.5.2　战略柔性与创新的相关研究

当前研究普遍认为，战略柔性与企业创新有密不可分的关系。冯文娜和刘如月（2021）发现，拥有高战略柔性的企业，可以更高效地将市场需求转化为创新性服务，最终促进服务创新。大量研究发现，商业模式创新和战略柔性存在密切关系，商业模式创新能够正向影响战略柔性。例如，Bock 等（2012）发现，当企业进行重组时，高水平的商业模式创新可以减轻对企业战略柔性的负面影响。Bock 等（2012）、Bashir 和 Verma（2019）均认为，商业模式创新是企业绩效和战略柔性的前置影响因素。程宣梅和杨洋（2022）也得出了同样的结论，认为商业模式创新能够推动企业战略柔性能力的发挥并最终实现企业绩效的提升。相反，Xiao 等（2021）认为，战略柔性是影响商业模式创新的前置因素，并能够通过影响商业模式创新促进企业财务绩效和市场绩效的提升。周飞等（2019）通过对 IT 企业样本的分析发现，企业两类战略柔性（前瞻型和反应型）均对企业的双向开放式创新具有显著促进作用。蒋丽芹等（2022）认为，战略柔性由于能够使企业快速面对环境变化的挑战，对跨界搜寻与企业创新绩效的倒"U"形关系有正向调节作用。

总结前述文献发现，战略柔性作为一种强调企业对外部环境反应的能力，能够更好地帮助企业配置资源，从而影响企业的竞争力。已有研究发现，战略柔性与创新本身就具有相互作用的关系，战略柔性对商业模式创新有促进作用。然而，当前仍然缺乏数字化情境下的战略柔性研究。战略柔性如何在数字化情境下影响商业模式创新，值得进一步分析。

2.2.6　文献述评

通过文献梳理可以看到，学者围绕数字创新能力和商业模式创新已经开展了大量研究，涉及概念、内涵、影响因素等多个方面。已有探讨为本书研究提供了较为坚实的理论和文献基础。尽管现有文献从不同角度开展了广泛的讨论，但依然存在有待进一步拓展的研究空间：

第一，鲜有学者对数字创新能力的测度及影响进行探讨，对于数字创新能力促进商业模式创新的实现机制缺乏讨论。数字创新能力已成为组织管理领域重要且崭新的热门课题，尽管学界已取得了部分研究成果，但尚未引起国内学者的广泛关注。从数字创新能力现有研究来看，首先，学者普遍认为，数字创新能力作为新情境下的一种动态能力，是商业模式创新的关键支撑。然而其内涵和定义尚未统一。并且，现有研究多为理论研究和案例研究，实证研究较少。其次，数字创新能力相关研究成果可操作性不强。现有研究所构建的内涵体系大多停留在概念层面，未能落实到具体的测量层面。最后，现有数字创新能力的研究结果多强调该能力的内涵、重要性以及如何塑造该能力（Edu 等，2020；刘洋等，2021；罗兴武等，2023），对于数字创新能力如何影响企业商业模式创新缺乏关注，尤其缺乏对创新生态系统视角下数字创新能力影响商业模式创新的机制的探究。此外，现有数字创新能力的研究对象多是高新技术企业，鲜有针对传统制造业企业的研究。

第二，鲜有学者同时从数字化背景和创新生态系统的视角深入挖掘数字创新能力促进商业模式创新的机制，尤其缺少对数字创新能力与价值共创和差异化战略这两大重要战略同商业模式创新之间关系的深入剖析。一方面，基于创新生态系统视角，价值共创与差异化战略是数字经济背景下两大重要战略。现有研究发现，数字经济时代，价值共创被视为一种重要的企业数字战略。组织边界被数字技术打破，企业的发展更加强调协同与共创。创新生态系统是价值共创的重要载体（柳卸林等，2022），且创新生态系统下的价值共创效应更大（白景坤，2020）。虽然已有研究探索了价值共创与商业模式创新的关系，为本书研究奠定了基础，但尚未有学者建立起数字创新能力和价值共创战略与商业模式创新之间的实证关系。另一方面，由于数字要素的自生长性特征，企业在创新生态系统中必须避免同质化竞争。创造独特性的差异化战略在数字经济背景下尤为重要，其不仅能够帮助企业面对越来越定制化的客户需求，还能够通过独特性帮助企业面对创新生态系统下的竞争关系，使企业找到最佳生态位以保持竞争优势。尽管学界在差异化战略与创新的关系方面已经取得较为丰富的研究成果，但结论并不统一。并且现有研究缺乏对差异化战略影响商业模式创新机制的实证探讨，对差异化战略在数字创新能力与商业模式创新的关系中起到的作用也缺乏关注。总体而言，现有研究尚未深入揭示数字创新能力通过这两大重要战略作用于商业模式创新的路径机制，更鲜有学者将企业放置于创新生态系统下进行研究。

第三，现有研究缺少对商业模式创新实现过程中边界条件的关注，尤其缺乏对于非技术动态能力的探讨。在企业创新的实现中，组织需要根据外部市场环境变化制订相应的战略计划，企业需要依赖动态能力来不断重塑和配置资源（陈冬梅等，2020）。学者多聚焦于探索数字化的动态能力对商业模式创新的影响，或数字化的动态能力对战略行为的影响，但聚焦战略柔性这一非数字化动态能力的调节效应，探讨数字创新能力驱动商业模式创新的边界条件的研究较少。并且，现有研究大多从单一因素考虑影响商业模式创新的机制。数字技术和数字能力并不是影响商业模式创新的唯一前置因素，企业能力、战略与商业模式创新互相依存，研究者需从更全面的视角考虑数字化情境下影响商业模式创新的因素和机制。此外，针对制造企业的研究较少。根据文献梳理可以看到，虽然以往文献对制造企业的商业模式类型进行了一定的探讨，然而，制造业作为极其宏观的行业分类，相关的商业模式创新研究尚未对此进行具体的分析。

因此，本书将研究对象确定为数字经济背景下且处于创新生态系统中的制造企业，并聚焦于数字创新能力这一重要动态能力，拟探讨在创新生态系统下，制造企业数字创新能力的内涵，以及其对商业模式创新的影响机制。

2.3　本章小结

首先，本章梳理总结了动态能力理论、资源编排理论以及创新生态系统理论的内涵、核心观点与理论发展，还总结了以上三大理论在本书研究情境下的适用性，明确了本书研究的理论基础。在数字化背景下，创新生态系统中众多个体、组织等利益相关者连接而成的关系是复杂且动态的。企业必须具备快速响应市场需求并进行资源重构的动态能力。资源编排理论、动态能力理论及创新生态系统理论为复杂网络关系下的数字创新能力研究提供了合适的视角。先前的研究缺乏对数字化情境下创新生态系统中企业所需的创新动态能力的探讨。

其次，本章根据研究目的与研究问题，在文献回顾部分，进一步梳理总结了相关的研究成果，对有关数字创新能力、商业模式创新、价值共创、差异化战略和战略柔性的内涵、影响作用等研究成果进行了梳理。总结发现，数字创新能力作为新情境下的一种动态能力，是数字创新的核心（魏江等，2021），也是商业模式创新的关键支撑（刘洋等，2021）。然而对于其内涵和定义尚未形成统一认知。当前对数字创新能力的解构忽略了数字技术与非技术因素的协调作用（Gonçalves 等，2022），启示后续研究从创新生态系统视角重构数字创新能力的内涵。并且，现有研究大多从单一因素考虑影响商业模式创新的机制。数字技术和数字能力并不是影响商业模式创新的唯一前置因素，企业能力、战略与商业模式创新互相依存，研究者需从更全面的视角考虑数字化情境下影响商业模式创新的因素和机制。因此，基于上述文献分析，本书拟探讨在创新生态系统下，企业数字创新能力的内涵，以及其对商业模式创新的影响机制。

因此，本章通过对相关理论和文献的分析，厘清了本书关键变量的内涵，回顾了现有研究成果并发现了现有研究的局限，为本书研究提供了翔实的理论支撑。

第3章 数字创新能力内涵重构与量表开发

本书通过理论分析及文献综述发现，数字创新能力作为一种新的动态能力，其内涵和定义尚未统一（罗兴武等，2023）。并且，对其能力的解构多基于技术视角且聚焦于技术带来的创新产出，却忽略了数字工具与企业文化等非技术因素的协调作用（Gonçalves 等，2022），也忽略了数字创新是组织内外部环境共同作用的结果（李小青等，2022）。为了更全面地探讨数字创新能力的内涵与测量，本章从创新生态系统视角重构了数字创新能力的子维度。在理论分析与文献综述的基础上，借鉴扎根理论，对我国 9 家企业进行深度访谈，通过访谈、编码、预调研和正式调研，先后共收集了 765 个企业样本，开发出一套测量量表并进行了检验。

3.1 数字创新能力结构探索

3.1.1 研究方法与样本选择

扎根理论是从实践的情境中发现问题，适合用来探究中国情境下的管理问题并总结规律、构建理论（贾旭东和衡量，2020）。本书对"数字创新能力"进行内涵重构，扎根理论方法能够用来在实践中揭示概念的结构及进行理论抽象。因此本书运用扎根理论方法，选取多个案例样本，采访了来自不同行业、层次及职能的企业管理层，他们是公司数字化实践计划和执行的关键决策者和参与者，可以确保快速进入主题。本书遵循 Churchill 和 Iacobucci（2015）的量表开发程序，通过开放性编码—主轴编码—选择性编码的方式，重构数字创新能力的维度并设计初始题项；在与业界和学界的专家进行充分讨论后，适当修改题项的表述，后续通过问卷进行实证调查，在一系列检验并净化题项后，最终确定了正式量表。本书遵循质性研究目标抽样原则选取样本，以最大化地从属性和维度上形成概念并揭示概念之间的关系。由于主题的特殊性，本书在案例样本选择上重点考虑访谈对象能否提供必要的信息，保证企业所属行业类型尽可能多样，并确保受访企业使用数字资源进行生产经营等活动。根据以上要求选取了 ICT 行业、金融、电子商务行业、零售业、新媒体行业（整体数字化水平较高的行业）、制造业（传统行业）的 9 家企业作为访谈对象，企业性质涉及民营企业和国有企业。

3.1.2　数据收集与文本分析

阶段一：通过中国知网数据库、Web of Science 数据库及谷歌学术对 2019～2021 年以"数字创新"（Digital Innovation）以及"数字创新能力"（Digital Innovation Capabilities）为主题的研究文献进行检索，获取文献资料 62 篇；通过搜索引擎检索相关报告（如《中国产业数字化报告 2020》等）获取二手资料共计 10 余万字。通过 Python 软件对上述二手资料进行高频词分析，筛选剔除主题词频次后，合并中英文同义词组归纳整理出合作（Collaboration）、资源（Resource）、技术（Technology）、敏捷（Agility/Readiness）等高频关键词，其中，前 20 个高频词如表 3-1 所示。这些关键词展示了与数字创新相关的核心概念，提示后续研究需要将其纳入数字创新能力的结构维度中综合考虑。

表 3-1　文献关键词频次统计（前 20）

序号	关键词	频次	序号	关键词	频次
1	技术（Technology）	845	11	资源（Resources）	206
2	业务（Business）	792	12	知识（Knowledge）	194
3	组织（Organization）	637	13	软件（Software）	182
4	平台（Platform）	511	14	计算（Computing）	190
5	管理（Management）	437	15	链接（Connection）	161
6	信息（Information）	434	16	客户（Customer）	151
7	合作（Collaboration）	418	17	文化（Culture）	134
8	分析（Analysis）	414	18	敏捷（Agility/Readiness）	128
9	市场（Market）	346	19	生态（Ecosystem）	121
10	系统（Systems）	217	20	策略（Strategy）	97

阶段二：基于对数字创新能力的定义和相关文献的回顾，本书通过三种方式收集一手资料以完成量表开发过程中的题项生成和内容效度评估。

第一，基于阶段一提供的核心概念，设计了半结构化访谈提纲进行深度访谈。受访企业所属行业包括金融、电子商务、零售、新媒体、信息与通信技术、制造行业，以确保最终量表具有一定的行业普适性。本书认为，具有一定行业普适性的量表可用来后续对其他行业展开实证研究。正式访谈前，笔者向受访者明确"数字创新能力"的基本概念并让其尽可能描述其所理解的内涵，然后对受访者进行追问。例如，"企业利用数字化资源及平台实现创新及效能提升，您认为最需要哪些方面的能力支持？您认为组织想要实现数字创新，需要具备什么样的先决条件？您所在的组织如何利用数字资源并实现了何种创新"等。由于数字平台及数字化整体资源的利用涉及企业的方方面面，考虑到受访者需要对研究主题有较深刻的理解，因此，受访者包括公司高层管理者、主管、技术总架构师、软件开发总工程师、部门经理等。

第二，座谈会访谈。课题组参与了三次商业银行数字化发展相关座谈会，收集到中国银行、中国农业银行、中国建设银行的内部资料以及会议访谈资料作为数据补充。

第三，开放式问卷收集资料。通过授权参加企业的培训和讲座，针对基层员工进行开放式问题的线上线下同步问卷调查，询问其企业利用数字资源进行创新发展过程中面临的"瓶颈"和困难有哪些及如何应对，共收集了 162 人次 300 余条陈述语句回答作为对访谈内容的补充。2020 年 6 月至 2021 年 11 月，完成对 9 家企业的数据收集，共访谈 49 人次。经转录、整理后的文字共计 8 万余字，其他资料共 40 万余字。本书利用 3/4 资料进行编码分析，剩余 1/4 资料用于饱和度检验。受访者情况如表 3-2 所示，访谈内容详见附录。

表 3-2　访谈人员信息

企业样本	所属行业	企业性质	数据收集方式	访谈时长（小时）	受访人数（人）
ZH	金融	国有企业	座谈会	3.5	13
GH	金融	国有企业	座谈会	3.0	12
CDJD	电子商务	民营企业	深度访谈	1.5	3
LPPZ	零售	民营企业	深度访谈	2.0	4
CDFB	新媒体	国有企业	深度访谈	2.5	4

企业样本	所属行业	企业性质	数据收集方式	访谈时长（小时）	受访人数（人）
GMDQ	零售	民营企业	深度访谈	1.5	3
GXWC	新媒体	民营企业	深度访谈	0.8	3
YLKJ	信息与通信技术	民营企业	深度访谈	3.0	5
HRYL	制造	民营企业（合资企业）	深度访谈	0.7	2

3.1.3　编码与数据分析

3.1.3.1　开放性编码

本书使用 Nvivo Plus 12 软件，秉持自然涌现原则对原始访谈材料进行逐字逐句编码，尽量贴近受访者的原话，提取相应初始概念。首先，由 3 名研究人员同时对案例样本进行标签化处理，按照相同或相近概念保留 1 个代码的原则，共提炼出 112 个初级代码。其次，删除频次低于 2 次的代码，并将意思相近的概念归纳合并之后形成 92 个代码。最后，依据与主题联系的重要性与频繁性原则进行归纳，选取至少 4 个参考点的节点，得到 49 个节点，共 20 个一阶范畴（见表 3-3）。

表 3-3　开放性编码（示例）

一阶概念	初始编码	原始资料引证
硬件设施	有良好的数字化硬件设施	YL3 "要结合企业自身技术能力和数据应用场景，选择合适的技术体系构建数据中台……之后才谈得上创新"；JD25 "我们的系统平台运算能力一般，需要更进一步细化及加速……"；HR20 "硬件设施配套没有到位的时候，其实都是空话，而且它是需要一个周期的"
数据获取	能够获取和链接大量数据	GM11 "我们必须先有好的基础设施和原始数据，才能在这个基础上去做管理、统计、决策，才能创新。认知市场、了解市场动态变化，大量数据的收集是完成的前提，最难实现的是保证收集的数据的准确性和可利用性……"
人力融合	员工能够理解并正确使用数字技术	CD1 "人们处理数字化平台信息的能力是不一样的，对新鲜事物的接纳能力也不一样……"；ZH2 "在技术上是没有任何问题的，有的是一些现实问题，一是与现有行政管理模式不匹配、与人员素质不匹配，体现为他们不理解、不配合、不愿和不会操作……"

续表

一阶概念	初始编码	原始资料引证
获取资源	能够获取外部的资金、人脉、政府的支持	YL7 "互联网公司是能够做好统计工作的，但是在现实生活中其他行业想要将各个环节都打通很难……稍微扩大范围时就会出现问题，如他的资源是否能够支持打通各个板块……有没有人脉和政府支持。想要完全地做好创新这个事情，需要靠管理和行政力量来进行贯彻……"
创新文化	组织内部支持创新	LP19 "要先看领导层的目的，确定基调是不是支持，数字化只是一种工具……"；GH21 "创新需要项目支持、技术人员支持和领导支持……"
团队合作	团队分工协作及凝聚力	YL15 "我认为最难的地方是凝聚成一个价值观一致的团队。做客户业务时遇到的问题迟早都会得到解决。创新出来的基本上都是新事物、新产品、新服务，这种过程中涉及认知差异的影响，需要去说服他人认同……"
产品融合	能够将数字技术应用于创造或改善新产品/新服务中	HR17 "我们提高了机器人对输液袋杂质的检测准确率……可以更好地寻找产品质量的问题点"；DF23 "从销售的角度看……应该是一种通过大数据平台或者是所谓的技术获取丰富的信息，融合市场的需要，然后制定精准的创新目标，从而诞生出新产品的能力吧"
关系管理	与各类组织或个人有融洽的合作关系	DF27 "比如说供应商协同平台……去实现对供应商信息的评核……就是说，对管理外部关系也是有帮助的……甚至可以基于技术去分析你的合作网络……"
……		

3.1.3.2　主轴编码

本书采用主轴编码将独立的范畴以潜在逻辑联系起来重新归类，进一步识别核心范畴并构建理论框架。本书构建的数字创新能力维度亦是在现有对于数字化能力与数字创新能力讨论的基础上发展出的新构念。现有文献认为，数字创新能力包含的维度可能有数字融合能力、即兴能力和生态能力（Annarelli 等，2021）、数字敏捷能力和重组创新能力（刘洋等，2021），以及物联网、大数据分析和云计算的能力（Edu 等，2020）等。因此，结合已有文献对于数字创新能力内涵的讨论，综合编码节点与高频词分析，本书考虑数字、创新和能力 3 个主要要素，以及创新生态系统视角的复杂关系特征，依据"通过哪些能力（维度）能够实现数字创新（结果）"的逻辑，将 20 个一阶范畴再次归纳、整合，抽象出 5 个二阶范畴：数字技术基础能力、数字技术融合能力、创新需求捕捉能力、组织内部协同能力、组织外部协同能力。基于此，利用剩余 1/4 的材料进行理论饱和度检验，发现提炼出的主要概念均在已有主范畴中。

3.1.3.3　选择性编码

本书对 5 个主范畴进行再一次整合提炼，挖掘出 4 个核心范畴，形成理论框架。通过选择性编码发现，"组织内部协同能力"及"组织外部协同能力"共同构成核心范畴"创新系统协同能力"，最终概括出数字创新能力的 4 个维度："数字技术基础能力""数字技术融合能力""创新需求捕捉能力"及"创新系统协同能力"，并在此基础上构建了数字创新能力结构维度的概念模型。选择性编码如表 3-4 所示。

表 3-4　选择性编码

二阶范畴	一阶范畴	初始概念
数字技术基础能力	硬件设施能力	关键技术、关键业务所需的数字化硬件基础设施
	数据获取能力	能够收集、读取、链接大量数据
	数据聚合能力	系统间的兼容、数据交换联通、数据归集
	智能辅助能力	智能分析数据、人工智能技术等
数字技术融合能力	目标融合能力	清楚地知道数字资源使用的目的，能够利用数字技术匹配战略目标
	人力融合能力	对如何使用系统有指导或培训，使员工能够正确操作使用数字技术
	业务融合能力	数字技术能够满足各业务板块的需求，改善各业务部门工作
	产品融合能力	能够将数字技术应用于创造或改善新产品/新服务中
	管理融合能力	能够利用数字技术改善管理流程，提升工作效率
创新需求捕捉能力	需求感知能力	能够利用数字技术发现新的市场需求或挖掘潜在市场需求
	变化洞察能力	能利用数字技术了解市场动态
	动态调整能力	能够利用数字技术动态评估市场及调整创新方案/项目
	需求响应能力	能利用数字技术及时响应市场需求
组织内部协同能力	技术协同能力	软硬件更新及时、维护良好，技术人员及时处理问题
	团队协同能力	通过数字技术提升了团队分工协作能力及凝聚力
	文化协同能力	公司内部鼓励开展创新项目，具有良好的创新文化
	战略协同能力	有清晰的创新目标，数字技术与创新战略协同
组织外部协同能力	关系管理能力	与各类组织或个人有融洽的合作关系，能利用数字技术管理合作关系
	获取资源能力	能够获得外部物质资源、人脉、政策等支持
	合作共生能力	能够与外部共享资源、共同解决问题

3.1.4　数字创新能力内涵及维度阐释

数字创新的开放性、动态性和收敛性使组织的边界变得模糊，创新的规模和范围由于不同利益相关者的参与而不断扩大，形成创新生态系统。创新生态系统不仅汇聚了信息、技术、资金、市场等各类创新资源和要素，在其中各个创新主体还能够与其他主体协同互动，发挥各自资源与能力的异质性作用，共同推动创新创造的实现。在这样的系统中，企业要根据外界环境的变化而不断调整自身的创新能力，凭借以技术为基础的能力集成找到最佳的生态位（马宗国和范学爱，2021）。

基于上述分析，本书认为，数字创新能力是通过数字技术来获取外部资源、捕捉创新机会并打通内外部组织边界，进行协同合作，以实现创新的能力。动态能力被认为是一系列不同能力的集成，这些能力交织在一起，有机地嵌入企业创新活动中，形成了企业的能力复合体（简兆权等，2020）。同样地，本书认为，数字创新能力亦是一个能力复合体。创新生态系统下的企业数字创新能力由四大能力集成，且各能力维度之间存在一定的并列、因果及过程关系。一是数字技术基础能力。该维度是数字创新能力中的刚性能力。数字技术基础能力重点考虑企业是否有相应的数字化硬件设施基础，以及数字技术的关键能力，如智能、链接和整合能力（Lenka 等，2017）能否稳定发挥，若该基础能力不足，企业则很难利用数字技术进入数字创新的应用层。二是数字技术融合能力。企业要将数字技术与企业的战略、业务、产品、人力充分融合，让技术在企业内部网络中流动起来。信息系统与企业战略、业务等的融合是企业应用 IT 的高级阶段，数字工具与企业各方面的融合程度影响着企业利用其创造价值的可能（顾美玲和毕新华，2017）。企业需要从战略到业务、从产品到人工，都充分利用数字技术改善工作目标、流程、效率，并通过数字技术驱动业务模式改革创新。三是创新需求捕捉能力。由于数字技术的模块性和交互性，企业能通过创新更有效率地满足用户需求，而感知客户潜在需求知识的能力是创新能力的重要组成部分（张超等，2021）。开展数字创新需要各个创新主体不断挖掘潜在需求，能够利用不断完善的数字基础设施重构产品或服务创新的组织过程、商业模式（余江等，2017）。企业要利用数字技术探索市场需求，让数据替客户说话，识别并捕捉创新机会以获取价值和创造价值。四是创新系统协同能力。创新生态系统中，各参与主体之间的关系更加复杂、动态、开放（闫俊周等，2021），企业需要借助创新生态系统的整合与协同机制不断提高企业的创新能力（包宇航和于丽英，2017）。数字化情境下的协作能力不仅可以通过数字渠道交换和分享知识和经验来促进组织学习（Chuang 和 Lin，2015；Legner 等，2017），还可以刺激创新，这被称为协作创新（Collaborative Innovation）（Maravilhas 和 Martins，2019）。已有研究对组织协同能力的测量主要考虑了协同的对象（供应商、客户、政府等）、关系的紧密程度、是否能够获取资金或技术支持、合作关系的时长等（Mishra 和 Shah，2009；徐建中和徐莹莹，2015；简兆权和旷珍，2020；张璐等，2020）。创新生态系统下，与广泛主体建立关系的能力以及在合作关系中对资源的利用能力成为数字创新的柔性能力。对内，企业要借助数字技术的开放性打通部门壁垒，以创新文化引领企业发展，加强企业内部各部门的协作创新。对外，企业要与广泛主体建立关系，借助科研部门、政府及其他利益相关者的帮助，利用数字技术对内外部关系进行管理，并通过数字技术更好地利用互补资源。

数字创新能力作为组织的一种新的动态能力，与已有研究对传统动态能力的划分有一定的对应关系。其中，数字技术基础能力对应了获取与吸收能力（Nieto 和 Quevedo，2005；祝志明等，2008），强调通过数字技术去获取信息、吸收、分析组织所需的知识、资源等。创新需求捕捉能力与数字技术融合能力对应了 Teece（2007）强调的感知与重构能力，是企业通过利用数字技术感知并捕捉机会、整合重组资源的能力。创新系统协同能力对应了联盟管理能力（Schilke，2014）与协作能力（Pavlou 和 Sawy，2011），强调企业在新情境下通过数字资源协同内外部参与者，实现协同创新。

现实中，数字创新能力的四个子能力可能相互联系且存在双向影响，四个子能力之间存在并列、因果及过程关系。首先，四个子能力并列存在，共同构成了数字创新能力。其次，四个子能力间可能互为因果。数字技术基础能力作为基础层的能力，会直接影响应用层能力和保障层能力的发挥。当企业缺乏一定的数字化硬件设施基础或智能分析能力时，则无法通过数字工具捕捉创新需求。并且，研究发现，数字合作能力会影响吸收能力（Li 等，2022）。因此，反过来，创新系统协同能力亦可能对创新需求捕捉能力或数字技术基础能力产生影响。最后，四个子能力一定程度上反映了创新生态系统下数字创新的实现过程。通常来讲，当数字技术基础能力具备以后，企业才能够利用数字技术进入数字创新的应用层。然后通过数字工具与企业各方面的融合程度来影响企业创造价值的可能（顾美玲和毕新华，2017）。

综上所述，数字创新能力可视为一系列子能力的组合，是通过数字工具来获取资源、捕捉创新机会，并打通内外部组织边界，进行协同合作，以实现创新的能力。数字创新能力与传统动态能力的对比如图 3-1 所示。

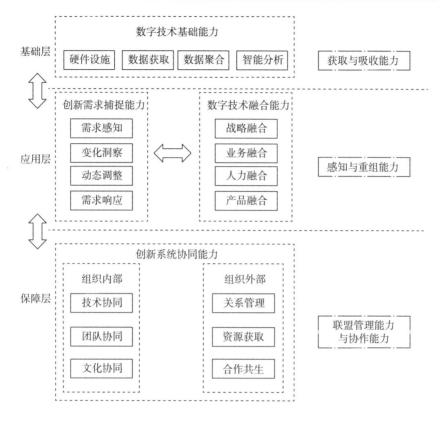

图 3-1　数字创新能力与传统动态能力的对比

3.2　数字创新能力的量表开发

依据 Hinkin（1995）提出的量表开发条件，本书在已有研究基础上，选择与数字创新能力高度相关的概念的测量题项作为参考。借鉴张军等（2014）对创新能力的测量，Cenamor 等（2019）对数字平台能力的测量，Teece（2007）对感知、捕捉与重构能力的测量，Luftman 等（2017）对 IT 融合能力的测量，以及已有研究对组织协同能力的测量，结合访谈材料，编制出 25 条初始测量指标。为确保初始量表的内容效度，邀请了 3 名管理学领域专家及四川省 5 家领先企业共计 15 位高管及员工对 25 条初始测量条目进行定性评估。评定前告知学界及业界专家数字创新能力及各维度的含义，要求行业专家评估每一测量题项与维度的对应是否合理，并判断各测量项目的语言表述是否简明清晰且无歧义。之后，根据专家提出的意见进行讨论，修改表述不够清晰、准确的条目，形成正式量表。

3.2.1 小规模调查和量表检验

本书采用李克特五级量表进行问卷调查，以收集数据，通过 MBA 学生以"滚雪球"方式向全国各企业管理者发放电子问卷。2021 年 12 月开始发放，历时两周后总计获得 226 份有效样本。本书提出的关系模型中包括数字技术基础能力、数字技术融合能力、创新需求捕捉能力和创新系统协同能力，共 25 个初始题项。所有量表均使用李克特五级量表。通过对量表 25 个初始题项的正态分布进行检验后发现，偏度和峰度均符合要求。通过相关性分析，删除相关性不显著且因素负荷量过小的第 4 题；对剩下的 24 个题项（题项编号 1～3，5～25）进行因子分析，通过因子分析结果筛选净化题项，删除 CITC 系数过低的第 8 题。25 个测量题项的信度检验结果如表 3-5 所示。

表 3-5　测量题项净化前信度检验（N=226）

题项	CITC	项已删除的 Cronbach's α 值	Cronbach's α 值
1	0.739	0.882	0.901
2	0.733	0.883	
3	0.778	0.873	
5	0.810	0.866	
6	0.709	0.889	
7	0.710	0.835	删除前：0.866 删除后：0.889
8	0.435	0.889	
9	0.709	0.836	
10	0.747	0.828	
11	0.711	0.835	
12	0.717	0.834	
13	0.759	0.841	0.881
14	0.721	0.856	
15	0.729	0.853	
16	0.761	0.841	

续表

题项	CITC	项已删除的 Cronbach's α 值	Cronbach's α 值
17	0.747	0.901	
18	0.705	0.905	
19	0.694	0.906	
20	0.694	0.906	
21	0.717	0.904	0.915
22	0.702	0.905	
23	0.719	0.904	
24	0.776	0.899	
25	0.747	0.901	

本书在完成上述检验后得到 22 个量表题项，再次对 22 个题项的量表进行信度检验。由表 3-6 可知，各个变量的 Cronbach's α 系数都在 0.7 以上，说明量表内部一致性较好，可作为本书研究的测量工具。

表 3-6 测量题项净化后的信度检验 （N=226）

变量	题项	CITC	项已删除的 Cronbach's α 值	Cronbach's α 值
数字技术基础能力	1	0.696	0.791	0.839
	2	0.618	0.813	
	3	0.603	0.817	
	4	0.619	0.813	
	5	0.677	0.797	
数字技术融合能力	6	0.700	0.814	0.853
	7	0.606	0.838	
	8	0.624	0.834	
	9	0.669	0.822	
	10	0.730	0.805	
创新需求捕捉能力	11	0.713	0.822	0.862
	12	0.693	0.831	
	13	0.636	0.853	
	14	0.799	0.787	

续表

变量	题项	CITC	项已删除的 Cronbach's α 值	Cronbach's α 值
创新系统协同能力	15	0.680	0.926	0.930
	16	0.791	0.918	
	17	0.761	0.920	
	18	0.746	0.921	
	19	0.750	0.921	
	20	0.767	0.920	
	21	0.789	0.918	
	22	0.775	0.919	

由表 3-6 可知，四个子能力维度的 Cronbach's α 系数分别是 0.839、0.853、0.862 和 0.930，各个潜变量的 Cronbach's α 系数均在 0.8 以上，符合大于 0.7 的基本标准。此外，各题项的 CITC 都在 0.6 以上，符合大于 0.5 的基本要求。因此可判断本书量表具有良好的信度。

3.2.2 探索性因子分析

本书使用 SPSS22.0 软件来检验研究涉及的各变量维度。结果显示，KMO 值为 0.921，显著大于标准 0.7。本书通过主成分分析法抽取特征值大于 1 的因子，共提取出 4 个公因子。如表 3-7 所示，各题项的累计贡献率大于 60%，22 个题项正交旋转后归类为了 4 类因子，没有出现双重因子负荷高的情况，且每个题项的因子载荷均高于 0.5。由此可知，本书变量理论聚合较好，且提取的因子能够包含较为全面的信息。

表 3-7 数字创新能力探索性因子分析结果

潜变量	题项	因子1	因子2	因子3	因子4
数字技术基础能力	信息系统界面简洁、系统功能完善	0.779			
	信息系统整合了不同来源（员工、财务、业务等以及外部公开）的数据	0.785			
	各信息系统之间能够互相兼容或集成	0.799			
	能获取或链接到所需数据资源	0.827			
	能利用数字工具对所需信息进行智能分析	0.781			

续表

潜变量	题项	因子 1	因子 2	因子 3	因子 4
数字技术融合能力	我们清楚数据信息使用的目的		0.779		
	对于如何使用公司提供的数字工具,我们接受过良好的培训		0.774		
	数字技术优化了我们原有的管理流程		0.785		
	系统功能可以满足我们各业务板块的需求		0.740		
	我们能根据工作需要正确使用公司的信息系统等数字化工具		0.758		
创新需求捕捉能力	我们能利用数字资源或技术发现新的市场需求			0.804	
	我们能利用数字资源或技术洞察市场环境变化(政策、法规、竞争者动态等)			0.781	
	我们能利用数字资源或技术来动态评估创新方案/项目			0.786	
	我们能利用数字资源或技术及时响应市场需求			0.806	
创新系统协同能力	我们的技术人员能够定期维护系统并及时处理各部门技术问题				0.764
	各部门员工能够通过数字化渠道分工协作				0.745
	我们公司支持并鼓励产品开发、服务改进等创新活动				0.777
	对于创新我们有清晰的目标				0.757
	我们与政府、中介机构、金融机构、客户及其他各类组织或个人有融洽的合作关系				0.749
	我们能从外部获取创新所需的资金、政策、人才等支持				0.750
	我们与合作伙伴之间能共享资源				0.775
	我们与合作伙伴能共同解决问题				0.815
KMO		0.921			
Bartlett 的检验		3055.748（P = 0.000）			
特征值		8.639	3.170	1.764	1.539
方差贡献率		22.959	16.445	15.716	13.567
累积贡献率		68.687%			

3.2.3 验证性因子分析

为进一步检验题项及构念模型与实际数据的拟合程度，本书重新收集数据，该部分数据于 2022 年 1~2 月通过 Credamo（见数）平台定向投放获取。后期为保证稳健性，扩大了样本量，于 2023 年 5 月补充收集数据进行分析。总共向全国多家企业各部门管理层及员工投放问卷 600 份，最终获取有效问卷 539 份，问卷样本特征如表 3-8 所示。

表 3-8　样本基本特征（N=539）

类型	类别	数量（份）	占比（%）	类型	类别	数量（份）	占比（%）
企业所属行业	制造业	87	16.14	企业性质	国有企业	205	38.03
	电力、热力、燃气及水生产和供应业	22	4.08		民营企业	270	50.09
	建筑业	33	6.12		外资企业/合资企业	60	11.13
	交通运输、仓储和邮政业	54	10.02		其他	4	0.74
	信息传输、软件和信息技术服务业	108	20.04	企业规模	100 人及以下	81	15.03
	批发和零售业	49	9.09		101~500 人	211	39.15
	金融业	44	8.16		501~1000 人	146	27.09
	房地产业	54	10.02		1001 人及以上	101	18.74
	租赁和商务服务业	38	7.05	岗位层级	企业高管	146	27.09
	科学研究和技术服务业	22	4.08		中层管理	76	14.10
	文化、体育和娱乐业	22	4.08		基层员工	173	32.10
	其他	6	1.11		专业技术人员	144	26.72

本阶段使用 AMOS23.0 对量表进行验证性因子分析（CFA），验证性因子分析的因子载荷情况如图 3-2 所示，所有载荷系数均大于 0.7，大部分在 0.8 以上，模型的外在质量良好。采取多种指标进行整体评价，分析结果显示（见表 3-9），各指标均在可接受的范围内，说明模型拟合较好。

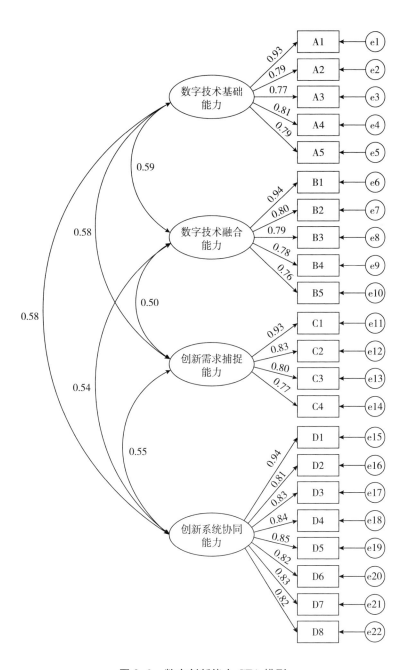

图 3-2　数字创新能力 CFA 模型

表 3-9　数字创新能力模型拟合结果

统计检验量	统计值	适配标准或临界值
x^2/df	1.154	1<NC<3，适配良好
GFI	0.962	>0.8
AGFI	0.952	>0.8
IFI	0.997	>0.9
CFI	0.997	>0.9
TLI	0.996	>0.9
NFI	0.976	>0.9
RMSEA	0.017	<0.08，适配合理

3.2.4　信效度分析

进一步地，对量表的总体信度进行检验，量表整体的 Cronbach's α 为 0.948，且各个变量的 Cronbach's α 都在 0.7 以上，说明该量表的内部一致性较高。其中，各能力维度的 Cronbach's α 系数依次是 0.909、0.907、0.901 和 0.951。由表 3-10 可见，组合信度大于 0.8，AVE 值均大于 0.5，说明量表具有较好的收敛效度。比较各因子间相关系数与该因子 AVE 值的算术平方根大小发现，前者均小于后者，说明本书量表的区分效度良好。

表 3-10　组合信度、聚合效度及区分效度检验

变量	1	2	3	4	AVE	CR
数字技术基础能力	**0.819**				0.670	0.910
数字技术融合能力	0.592	**0.816**			0.666	0.908
创新需求捕捉能力	0.578	0.495	**0.836**		0.699	0.903
创新系统协同能力	0.585	0.538	0.553	**0.842**	0.709	0.951

注：标粗字体为 AVE 的算术平方根。

3.3　本章小结

本章采用扎根理论方法，重构了企业数字创新能力的内涵维度，包含数字技术基础能力、数字技术融合能力、创新需求捕捉能力和创新系统协同能力（组织内部协同与组织外部协同）。在此基础上，本书开发出数字创新能力量表，包含 22 道题项，经过一系列检验验证可知，本书量表具有良好的信效度。

总体来说，本章展示了新组织情境下一种独特的创新能力以及其具体的能力维度。数字创新能力量表可以分别测量四个维度，可作为评估企业数字创新能力的一种有效方法。该量表使管理者能够更好地理解如何以更有效的方式提高数字创新能力。例如，对企业数字创新能力各个维度的衡量有助于管理层评估需要优先发展的领域，并使企业能够应对提高创新能力所带来的挑战。

第4章 数字创新能力对商业模式创新的作用机制

第3章详细探讨了数字创新能力的内涵，并将其可操作化。本章进一步探索数字创新能力与各个变量间的关系。首先，本章基于已有模型与文献界定了理论模型基础。其次，本章界定了各个变量的概念，并对数字创新能力、价值共创、差异化战略、战略柔性和商业模式创新之间的关系进行了梳理与归纳，根据相关变量的理论基础，结合文献分析结果，构建本书研究的理论模型，提出理论假设，为后续实证检验奠定基础。

4.1 理论模型基础

长期以来，企业获得价值的关键都是"能力+战略"的组合，组织能力能够驱动战略形成、帮助战略实现并最终促成组织的价值实现（Spillan 等，2021）。当企业的动态能力和战略结合起来，可以创建和完善一个可防御的商业模式（Teece，2018）。

首先，本书基于 Teece（2018）提出的"动态能力、战略与商业模式关系的简化模型"，将企业的动态能力、战略与商业模式创新纳入同一研究框架。Teece 的模型指出，企业能力与企业战略共同作用，从而对企业的商业模式产生影响。其次，基于本书的研究情景和研究视角，价值共创与差异化战略是数字经济背景下两大重要战略：第一，基于数字化情境，数字技术带来的开放性与网络关系的复杂性，可以帮助企业扩大与利益相关者的连接，实现资源互补，更利于实现价值共创和开展创新活动。数字经济时代，组织边界被数字技术打破，企业的发展更加强调协同与共创。基于创新生态系统视角，价值共创战略能够帮助企业充分利用创新生态系统的协同优势。并且，创新生态系统是价值共创的重要载体（柳卸林，2022），创新生态系统下的价值共创效应更大（白景坤等，2020）。因此，价值共创战略是数字经济情景与创新生态系统下企业的重要战略选择。第二，创造独特性的差异化战略在数字经济背景下尤为重要。基于数字化情境，差异化战略能够满足数字经济时代下客户多种多样的独特性需求。新兴的信息技术使个人客户有更多参与商业实践的机会（Adner 和 Kapoor，2010；Loebbecke 和 Picot，2015）。企业面临的一项重大挑战是如何应对多层次的需求变化（陈劲等，2022），以更好地实现价值的创造和交付（Kostis 和 Ritala，2020）。而差异化战略的核心即强调独特性，是企业提供市场上与众不同的产品或服务的战略（Porter，1980），能够帮助企业满足数字经济时代下客户多样化、独特性的需求。创新生态系统下，差异化战略能够使企业在生态系统中规避依赖风险，找到最佳生态位。创新生态系统无边界的协同特征增强了参与者的创新能力（张超等，2021）。但同时，这种协同合作也面临着协同发展的依赖风险和价值链的整合风险等问题（Adner，2006）。此外，由于数字要素的自生长性特征，企业在创新生态系统中必须避免同质化竞争。差异化战略能够通过独特性帮助企业面对创新生态系统下的竞争关系，帮助企业找到最佳生态位以保持竞争优势。

因此，企业需要在创新生态系统中考虑两大关键问题：一是从合作的角度来看，价值共创战略能够帮助企业利用创新生态系统的复杂网络关系，更好地实现价值创造；二是从竞争的角度来看，差异化战略能够帮助企业创造独特的竞争优势，以尽量规避协同发展的依赖风险，帮助企业在生态系统中找到最佳生态位。

此外，由本书第 2 章文献综述部分可知，创新生态系统下的企业需要数字化的创新能力，以及考虑用非数字化的方法来管理复杂动态网络关系。并且，在企业创新的实现中，企业需要根据外部市场环境变化制订相应的战略计划，并依赖动态能力来不断重塑和配置资源（陈冬梅等，2020）。因此，本书进一步考虑战略柔性这一非数字化动态能力的影响，将企业数字创新能力、战略柔性、价值共创战略、差异化战略与商业模式创新纳入同一研究框架，构建数字创新能力对商业模式创新的作用机制模型。其中，数字创新能力与战略柔性能力均为企业的动态能力，差异化战略和价值共创战略均为企业的战略行动。

4.2 关键变量的内涵与维度划分

为了进一步探讨数字创新能力对商业模式创新的作用机制，本章在子研究一的基础上，首先，对本书涉及的各个关键变量进行内涵界定，并总结已有研究对各个概念的维度划分与衡量方式；其次，通过已有文献，梳理变量之间可能存在的因果关系，在前人研究的基础上提出相应的研究假设，进一步构建理论模型。

4.2.1 数字创新能力

学者普遍认为，数字创新能力是一种基于数字技术应对挑战和保持竞争力的动态能力。本书在子研究一中结合了先前学者的核心思想，认为数字创新能力是通过数字技术来获取外部资源、捕捉创新机会并打通内外部组织边界，进行协同合作，以实现创新的能力。数字创新能力包含四个子能力维度：①数字技术基础能力：强调企业是否有相应的数字化硬件设施基础，以及数字技术的关键能力（智能、链接和整合能力）（Lenka 等，2017）能否稳定发挥。②数字技术融合能力：强调数字技术与战略、业务、产品、人力充分融合的能力。③创新需求捕捉能力：强调企业能够利用数字技术探索市场需求，识别并捕捉创新机会以获取价值和创造价值的能力。④创新系统协同能力：强调企业借助数字技术的开放性打通组织内外部壁垒，加强组织内外部的协作以实现创新的能力。

4.2.2 价值共创

本书认为，价值共创是由多个行为主体共同参与到企业的生产、服务等活动中，通过开放互动和资源整合以实现价值创造和增值的活动，亦是一种重要的企业数字战略，通过共享赋能价值创造（魏江等，2022）。例如，组建开放式创新联盟就是企业落实价值共创战略的一种形式（张洪等，2021）。

关于价值共创的维度，现有研究主要分为三类：一类是企业与员工（内部部门）的价值共创，如 Leticia Santos-Vijande 等（2016）、Gawke 等（2019）通过对员工的个人主动性、奖励敏感性、惩罚敏感性、创新性等方面的测量来评价员工与企业之间的价值共创。第二类是常见的企业与客户或消费者之间的价值共创，强调用户在企业活动中的参与度（Cambra-Fierro 等，2018；Agrawal 和 Rahman，2019）。第三类是企业与其他利益相关者之间的价值共创，强调组织间的资源共享、互补或合作。对这一类价值共创的测量大多基于 DART（Dialog，Access，Risk-Benefits，Transparency）模型（Prahalad 和 Ramaswamy，2004）进行，即从对话、渠道、降低风险和透明度四个方面进行测量，较为全面地考虑了利益相关者的价值共创的行为。

4.2.3　差异化战略

本书认为，差异化战略是企业提供独特的产品或服务以获取优势的战略（张爱辉，2017）。差异化战略被认为是一种战略选择，能够推动企业创新并提升竞争优势（Espino-Rodríguez 和 Lai，2014）。差异化战略在数字经济时代仍然有效（魏江等，2022）。

当前对于差异化战略的分类多集中于市场差异化、创新差异化、服务差异化（Hernández-Perlines 等，2016）和产品差异化（魏江等，2022）方面，不过也有关于商业模式差异化（Bryson 等，2007）与品牌差异化的分类研究（Zaichkowsky，2010）。

4.2.4　战略柔性

本书认为，战略柔性是一种动态能力，是一种能够反映和增强组织适应环境能力和灵活性并帮助企业战略落实的动态能力（牟娟和叶满成，2022）。一方面，它强调利用外部创新网络驱动组织与外部创新主体协同合作。另一方面，它也是组织为了应对环境动荡而在内部进行资源和能力的适配，进而实现战略目标的动态能力（周飞等，2019）。

对于战略柔性的分类与测量，有学者将战略柔性分为资源柔性和协调柔性（冯文娜和刘如月，2021；Jiang 等，2022），分别强调协调和利用资源的能力以及资源转换效率（Yuan 等，2010；牟娟和叶满成，2022）。庄彩云等（2020）认为，战略柔性可分为反应型战略柔性与前瞻型战略柔性，反应型战略柔性是企业对外部环境做出反应的能力，强调一种适应性；而前瞻型战略柔性强调一种主动性，指企业主动出击，通过配置资源先发制人，保持组织敏捷性而采取举措的能力。

4.2.5　商业模式创新

商业模式描述了企业运营的底层逻辑，包括三个关键组成部分：价值主张、价值创造和价值捕获（Trischler 等，2022）。本书认为，商业模式创新是一种组织创新，是企业识别并采用新的机会组合（Teece，2010），通过制定创新的经营机制以适应市场变化和顾客需要（Amit 和 Zott，2012）。

Bouwman 等（2019）认为，现有大部分对商业模式创新的定量研究并没有将其核心概念或特征与商业模式创新的本质联系起来，它们或通过衡量多样化产品发布和外部融资（Velu 和 Jacob，2016），或使用虚拟变量（Clausen 和 Rasmussen，2013），或通过公司财务指标（郭晓川等，2021；史亚雅和杨德明，2021；张省和杨倩，2021）来间接衡量商业模式创新，而并没有测量商业模式创新本身。商业模式创新被认为是一个程度问题，而不是非此即彼（Pedersen 等，2018）。当前，使用商业模式创新测量量表的研究主要采用了 Spieth 和 Schneider（2016）开发的三维度量表，聚焦于企业价值创造、主张和获取的过程。罗兴武等（2018）、Pedersen 等（2018）基于中国经济及数字背景，从开拓性和完善性两个维度来测量商业模式创新。Clauss（2017）建议，如果学者想要探索更多的导致商业模式变化的聚合过程，如某些推动因素对商业模式创新的影响，则可以依赖其开发的量表进行测量。

4.3　研究假设

4.3.1　数字创新能力的直接作用

数字创新能力可以改变价值传递的方式，而这正是商业模式创新的主要表现形式。创新商业模式需要企业再造业务流程，数字化技术能够促进企业流程再造（郭韬等，2021）。数字化赋能企业创新（戚聿东和肖旭，2020）。基于数字技术的能力（如大数据能力、数据分析能力、数字技术嵌入等）能够对商业模式创新产生正向影响（苏敬勤等，2021；李文等，2022）。研究还发现，数字化能力能够显著促进商业模式创新，呈现出组织惯性通过数字化能力最终促进商业模式创新的路径机制（易加斌等，2021）。

具体到数字创新能力的各个维度：

数字创新能力中的数字基础能力可能对商业模式创新有正向影响。数字技术的智能、链接和整合能力，能够帮助企业汇集创新所需的各类资源要素，并通过其感知与响应机制促进价值的创造（Lenka 等，2017）。研究发现，当卖家使用基于数字平台技术的多样化 IT 功能时，其运营效率将显著改善，从而提升店铺的销售额（Li 等，2019）。此外，数字技术依靠链接、跨界和触达能力能为组织、客户等快速搭建一个互动平台，在价值共创中起到重要作用，这将从根本上影响商业模式的改变（史亚雅和杨德明，2021；苏涛永和王柯，2021）。

数字创新能力中的数字技术融合能力，会促进企业商业模式创新。当数字技术嵌入企业经营活动中后，企业会更加倾向于满足顾客需求，尽可能让顾客参与到产品设计和交易的全过程中，企业会更快速地更新价值主张来满足用户需求，从而促进商业模式创新（魏江等，2022）。另外，企业将数字技术应用于产品的生产、运营、销售、管理中，能够通过数据运算更加精准地捕捉各类所需信息，促进产品迭代，使整个生产过程变得更加智能化、模块化、柔性化，将销售过程变得更加精准和精细（戚聿东和肖旭，2020），因此能更容易实现商业模式创新。例如，三一重工依托自身的工业互联网平台，实时监测设备的作业情况，前瞻性地预警故障并主动维修，不仅能够精准控制成本，还极大地改善了企业的服务质量，提升了服务效率，探索出了一种基于工业物联网的创新商业模式。研究发现，当数字化技术与服务业务相融合后，能显著扩大服务业务范围，并增强企业在市场中的竞争优势（Gebauer 等，2021）。数字工具与企业各方面的融合程度影响着企业利用其创造价值的可能（顾美玲和毕新华，2017）。

Gebauer 等（2021）认为，基于数字技术的能力不足以成为创新的唯一因素，还应该着重关注和识别客户的需求、偏好等信息。因此，洞察和提取客户需求并捕捉创新机会则尤为重要。由于数字创新能力中的创新捕捉能力能够快速帮助企业捕捉客户所需的产品和服务，并通过重新设计和定制化服务满足客户需求，因而可以迅速实现商业模式的创新和再造。传统商业模式下，客户需求的复杂性使企业难以捕捉客户与市场的多样化真实需求，而大数据分析技术使企业更容易获取信息（史亚雅和杨德明，2021）。由于数字技术的模块性和交互性，企业能通过创新更有效地满足用户需求（张超等，2021）。企业利用数字技术探索市场需求，更容易捕捉创新机会以实现商业模式创新。

数字创新能力中的创新系统协同能力能够正向影响商业模式创新。数字化情境下的协作能力不仅可以通过数字渠道交换、分享知识和经验等途径来促进组织学习，还可以刺激创新（Chuang 和 Lin，2015；Legner 等，2017）。企业内部的组织协调会影响创新过程中参与者的信任与合作，进而影响创新的开展效果（曲永义，2022）。李奉书等（2022）研究发现，数字经济时代下，联盟管理能力高的企业更容易实现颠覆性技术创新。当企业能够与合作伙伴进行更多的跨界协同，共享生态圈内提供的专业知识基础时，将有助于企业更好地适应用户需求的变化，从而更好地实现创新。例如，美的作为数字化转型的领先企业，利用数字平台技术积极提升企业间、产业间、生态间的协同效率和关系紧密度，促进数字化产业和业务的创新发展。此外，由于创新生态系统强调一种开放、共享和广泛连接的新型协作方式，企业需要凝聚整个生态系统中的参与者与要素资源以共同解决问题，并分享解决方案。创新系统协同能力能够帮助企业管理和凝聚各参与主体，最终促进创新。

因此，提出以下假设：

H1：数字创新能力正向影响商业模式创新。

H1a：数字技术基础能力正向影响商业模式创新。

H1b：数字技术融合能力正向影响商业模式创新。

H1c：创新需求捕捉能力正向影响商业模式创新。

H1d：创新系统协同能力正向影响商业模式创新。

4.3.2 价值共创的中介作用

数字科技（消息、运算、交流和链接科技的结合）的嵌入能够透过价值创新的方法改变公司的模式（刘洋等，2020）。首先，数字创新能力中的数字技术基础能力，能够帮助企业快速启动数字技术的智能、链接和分析能力来感知和响应客户需求，实现与客户的互动，从而与客户共同创造价值（Lenka 等，2017）。数字技术的应用加强了企业之间的数据与信息共享（戚聿东和肖旭，2020）。数字技术的链接性能够发挥网络效应，使企业与更多主体互动，并将企业原来"金字塔"式的组织结构转变为平台型组织结构，使参与者更易于参与创新，为多主体价值共创提供了支持（Gawer，2014）。

其次，数字创新能力中的数字技术融合能力，能够更好地帮助企业落实价值共创战略，从而促进创新的实现。数字技术融合能力强调数字技术与企业研发、业务等方方面面的融合。在企业的 IT 水平与业务融合较好的情况下，企业的 IT 资源能够与组织战略处于更协调一致的状态（Wiengarten 等，2013），而这种融合能够更好地促进组织创新（张振刚等，2021）。并且，数字技术融合能力能够优化原有的经营流程，使企业更好地与外部合作伙伴共享信息并通力合作。现代制造企业价值的实现不仅在于提供产品，还在于通过提供服务等来提高产品的附加值。这就要求制造企业在深度对接金融机构、服务机构等完成资源共享的同时，还必须与原材料供应商、物流提供商、销售经销商等开展紧密合作，以实现全面共赢；不仅需要对产品进行创新，还需要加快发展附加值较高的企业业务，根据市场需求、客户需求创新商业模式，加强企业与客户的互动，更好地满足客户需求。赵宏霞等（2022）发现，制造业企业嵌入数字平台生态中后，尤其有利于中小制造业企业参与到其他生态成员的研发、生产、营销、战略决策等环节中，有利于推动企业和其他利益相关者协同进行创新（赵慧娟等，2022）。Bogers 等（2019）发现企业在技术"集成"方面的动态能力能帮助企业更好地理解共同创新战略，最终有助于企业完善自己的商业模式。

再次，数字创新能力中的创新需求捕捉能力能够帮助企业快速捕捉并响应市场需求，更好地实现价值共创。创新生态系统下的商业模式创新要求企业必须充分考虑消费者、供应商、内部雇员以及整个社区的利益需求，才能更好地支持企业在商业模式创新中兼顾企业与其他利益相关者，实现价值共赢（戚聿东和肖旭，2020）。由于网络信息技术和社会媒介的迅速发展，消费者的身份从消极的用户逐渐变成了积极的主体和创造者（Hu 等，2020）。而企业可以通过发挥数字创新能力中的创新需求捕捉能力，借助高效的知识协调能力和整合重构能力，精准识别用户需求和预测未来趋势，进一步完善产品或服务（白景坤等，2020），更好地实现企业与消费者的价值共创。

最后，数字创新能力中的创新系统协同能力能帮助企业更好地管理与合作伙伴间的关系，从而促进与其他组织共创价值。研究发现，企业的创新不足很大程度上是其与其他企业关系分离所导致的。当企业与其他企业在集群内协同创新时，释放出的整体优势是不可估量的（谭劲松和何铮，2009）。而数字技术带来的整合和重组功能赋予企业更强的资源整合能力（Cenamor 等，2019），更容易帮助企业实现价值共创。数字创新能力能够帮助企业实现与供应商的资源重构与整合，促进组织间价值共创（胡保亮等，2022）。数字创新能力中的协同能力与链接能力有助于企业以较低的跨界成本构建广泛链接的创新生态系统，通过互动与合作实现资源的共享、重构与创造，促进价值共创的实现（周文辉等，2018；苏涛永和王柯，2021）。例如，海尔基于其创新生态系统，利用开放创新数字平台（Haier Open Partnership Ecosystem，HOPE），与全球的研发机构和优秀的个人合作，在平台上实现了大量用户与企业的互动，促进全球顶尖的研发团队与海尔进行价值共创，最终研发出了海尔天樽空调。

因此，提出以下假设：

H2：数字创新能力对价值共创有正向影响。

企业可以与内部员工、消费者或其他多个组织进行价值共创以实现商业模式创新。首先，价值共创可以使企业内部的人员关系、技术交流等更为紧密，促进共同成长、技术共同进步，从而推动企业商业模式发展（Leticia Santos-Vijande等，2016）。其次，Amit 和 Zott（2012）认为，商业模式创新是企业根据市场现状重新设计经营模式以满足顾客新需求，提供新价值来获取收益的过程，企业价值创造的过程无疑需要从以产品和公司为中心转向提供个性化的消费者体验（Prahalad 和 Ramaswamy，2004），企业需要依据消费者的需求变化与偏好对商业模式进行动态调整（陈劲等，2022）。因此，价值共创使用户极大限度地刺激了企业面对消费者需求变化而必须进行的商业模式创新。

因此，提出以下假设：

H3：价值共创对商业模式创新有正向影响。

数字经济时代下，数字技术能够支持广泛参与者间复杂的互动，这种相互依赖的互动过程能促成价值共创（陈劲等，2022）。由于数字技术具有网络效应、可重编程性和数据均质性（Yoo 等，2012），使企业能够快速地将以往分散的用户需求与体验聚集在一起，更容易实现价值的共同创造，并最终实现创新（陈冬梅等，2020）。并且，数字平台技术带来的间接网络效应能够快速增强生态系统中参与者之间的网络关系，从而实现价值共创（Ceccagnoli 等，2011），而价值共创活动能够促进企业对创新资源的搜索与整合，从根本上促进创新行为（戚聿东和肖旭，2020）。Chuang 和 Lin（2015）研究发现，电子服务的创新对价值共创产生了积极的影响，从而影响企业价值的实现。企业可以借助数字技术，在与消费者共享信息、在互联网中进行合作等过程中获取用户价值（白景坤等，2020），而客户的嵌入性是服务系统中客户与企业价值共同创造行为的关键前提（Laud 和 Karpen，2017）。通过数字技术，客户参与价值共创，最终可能促进商业模式创新的实现。

此外，员工构成了企业可以利用的操作性资源（Leticia Santos-Vijande 等，2016），且研究发现，员工在提供数字服务时，所反映在客户导向中的人为因素对于价值共创有着极为重要的作用（Saunila 等，2019）。当员工感知到企业与外部机构的协同合作时，能够正向影响核心员工的行为（Zhao 等，2022），更有利于发挥员工主动性促进企业与消费者的价值共创（胡保亮等，2022），最终实现商业模式创新。

因此，提出以下假设：

H4：价值共创在数字创新能力与商业模式创新的关系中起中介作用。

4.3.3　差异化战略的中介作用

Schlegelmilch 等（2003）研究认为，商业模式创新是企业通过战略设计和行动来推动商业模式创新的过程。战略决策作为前置因素对商业模式创新有积极影响（陈一华和张振刚，2022）。战略管理研究者将企业数字化转型视作一个战略变革的过程，认为企业在数字化转型的组织变革中，尤其要注意利用数字资源创造差异化的价值，这样才能获取长期优势（Bharadwaj 等，2013）。学者通过分析数字化情境下数字化战略与传统战略的区别，发现波特的竞争战略理论，尤其是差异化战略与成本领先战略在数字经济时代仍然有效（魏江等，2022）。

戚聿东和肖旭（2020）研究发现，个性化的产品或服务能更好地满足用户定制化的需求，因此更容易受到用户青睐。而数字技术被广泛用于了解用户的差异化需求（陈冬梅等，2020）。当前，数字化信息技术也一直在推动企业创新其定制模式。例如，基于人工智能的个性化定制能够更好地满足客户的个性化服务需求（Robinson 等，2020），人工智能技术也在积极影响着消费者对于企业的看法（Verhagen 等，2014）。当企业利用人工智能、区块链等数字技术提高了价值供给的效率时，才能更好地提供差异化的服务（Goldfarb 和 Tucker，2019）。当企业拥有更多能够支撑差异化战略的资源时（如资金和技术能力），才能更好地让差异化战略落到实处（王文华等，2021）。嵌入了技术网络的企业通常有更多的资源来实施差异化战略（Liu 和 Wu，2011）。因此可以推断，企业的数字创新能力能够对差异化战略产生积极影响。

在创新生态系统中，虽然与合作伙伴的资源互补是极为重要的，但是一个创新越依赖于其他方面，就越难以成功，生态系统参与者必须开展他们自己独特的创新（Adner，2006）。此外，陈菊红等（2020）的研究表明，制造企业在服务化转型下，商业模式创新涉及为客户提供新的服务、搭建新的关系、采用新的流程等方方面面，本质上是对整个服务型制造业行为系统的重新设计，是一种竞争性的战略。由于数字创新能力中的创新捕捉能力有助于企业快速捕捉客户所需的产品和服务，而采用差异化战略企业的目标基本是通过产品质量、捆绑服务和卓越的客户服务来提供内在价值（Ameer 和 Othman，2021），因此通过重新设计满足客户需求的差异化战略，可以迅速实现商业模式的创新和再造。王文华等（2021）的研究还发现，差异化战略由于需要满足用户独特的需求，要求企业在创新活动中多下功夫，因此差异化战略能显著促进企业双元创新投入，不仅能促进开放式创新，还能促进企业的探索式创新。故差异化战略的落实有可能促进商业模式创新的实现。

因此，提出以下假设：

H5：数字创新能力对差异化战略有正向影响。

H6：差异化战略对商业模式创新有正向影响。

H7：差异化战略在数字创新能力与商业模式创新的关系中起中介作用。

4.3.4　战略柔性的调节作用

数字经济的发展已经颠覆了一些基本的企业战略和经营理念。如前所述，企业的经营环境已经从静态转变到动态，跨界、跨生态的竞合局面已经非常普遍。上述假设拟探索数字化能力与战略行动对企业创新的影响，研究企业利用数字创新能力驱动的"竞争"与"合作"数字战略机制来实现商业模式创新的路径。然而，企业的战略行动也无法一直保持一个绝对的静态，而需要在动态中不断调整，并且需要确保战略能够落实。在这个过程中，企业必须考虑所需的柔性能力是什么，这样才能使能力与战略共同发挥作用，并在动态的环境下不断调整以达到一种长久的平衡。

本书之所以在数字创新能力驱动商业模式创新实现的研究框架中考虑战略柔性能力，主要是发现，数字化和战略柔性是相互交织的，战略柔性使新技术的应用和数字化成为可能（Matalamäki 和 Joensuu-Salo，2021）。因此有必要进一步探索战略柔性在该框架中扮演的角色。战略柔性被视为一种互补性的能力，能够帮助企业挖掘其他潜能并更好地配置资源（Zhou 和 Wu，2010），战略柔性高的企业被证实更容易实现高企业绩效（Kafetzopoulos 等，2022）。因此，本书假设战略柔性作为一种动态能力，是数字创新能力通过战略行动促进商业模式创新的一个边界调节因素，主要在企业战略与商业模式创新之间起到一个调节作用。

具体而言：首先，战略柔性能力能够更好地帮助企业落实战略行动。研究发现，只有当组织有战略性地将其目标、资源与所需的战略相结合时，才能提高组织的创新性，而战略柔性能力能够调节战略目标与战略一致性的关系（Nassani

和 Aldakhil，2023），因此更容易保证企业战略的落实。长久以来，组织为了应对环境动荡，需要组织内部的资源和能力相适配。而战略柔性不仅反映了企业整合资源、流程以应对环境变化的程度与水平（冯文娜和刘如月，2021；Jiang 等，2022），更被视为利用外部网络驱动组织与外部创新主体协同合作进而实现战略目标的动态能力（周飞等，2019）。同时，从动态的角度来看，拥有较高战略柔性能力的企业，可以避免在战略改革和调整的过程中因产能僵化而带来的负面影响（Xiao 等，2021）。此外，企业可以通过协调柔性来重新配置内外部资源，从而减少成本、时间和精力，更高效地执行战略（Chan 等，2017）。其次，战略柔性能力有助于企业与其他利益相关者进行价值共创，并解决创新资源约束的问题，从而有利于促进商业模式创新。拥有战略柔性的企业通常可以低成本、高效率地对企业多用途的资源进行配置、使用与整合（冯文娜和刘如月，2021），使企业可以实现资源的多节点共享，从而更好地促进组织间、组织与个人间的价值共创。并且，在开放式创新背景下，战略柔性更加强化了探寻外部有用信息的能力，有助于企业与外部的创新主体形成动态交互的创新网络，进而促进创新的实现（牟娟和叶满成，2022）。企业内部现有资源的有限性可能制约着创新，而战略柔性能力中的协调柔性不仅关注内部资源的整合，还注重外部新资源的开发，能够在一定程度上帮助企业解决创新资源约束的问题（陈鑫强和沈颂东，2020）。最后，战略柔性能帮助企业更好地落实差异化战略，满足客户独特的需求，从而促进商业模式创新。战略柔性中的敏捷性功能，能够使企业快速地发现市场新机会与客户新需求（周飞等，2019），尤其是前瞻型战略柔性能够使企业快速发现新的市场。一方面能够为企业创造以最小的资源代价实现多样性服务需求满足的可能（Bock 等，2012）；另一方面能够帮助企业加强自身战略与市场需求的匹配度，更好地实现新产品的开发（Kandemir 和 Acur，2022）。具体来说，当企业的资源柔性较高时，能够降低搜索所需资源的时间，进而加速新产品上线以获得市场领先优势（Chan 等，2017）。并且，由于战略柔性能力使企业做好面对不确定性的更好准备，因此能够帮助企业进一步调整产品提供和市场营销的匹配度（Kafetzopoulos 等，2022），从而更快速地满足用户特定化的需求，正向促进差异化战略的落实，从而使企业更高效地实现商业模式创新。

因此，提出以下假设：

H8：战略柔性在价值共创与商业模式创新的关系中起正向调节作用。

H9：战略柔性在差异化战略与商业模式创新的关系中起正向调节作用。

基于前文所构建的理论研究模型，本书提出了数字创新能力、价值共创、差异化战略、战略柔性与商业模式创新等变量之间的关系假设。研究假设汇总如表 4-1 所示。

表 4-1　研究假设汇总

序号	假设内容
H1	数字创新能力正向影响商业模式创新
H1a	数字技术基础能力正向影响商业模式创新
H1b	数字技术融合能力正向影响商业模式创新
H1c	创新需求捕捉能力正向影响商业模式创新
H1d	创新系统协同能力正向影响商业模式创新
H2	数字创新能力对价值共创有正向影响
H3	价值共创对商业模式创新有正向影响
H4	价值共创在数字创新能力与商业模式创新的关系中起中介作用
H5	数字创新能力对差异化战略有正向影响
H6	差异化战略对商业模式创新有正向影响
H7	差异化战略在数字创新能力与商业模式创新的关系中起中介作用
H8	战略柔性在价值共创与商业模式创新的关系中起正向调节作用
H9	战略柔性在差异化战略与商业模式创新的关系中起正向调节作用

结合上述分析，本书在数字化情境下，提出了一个有调节的双重中介模型。本书将首先探讨数字创新能力对商业模式创新的直接效应；其次分析数字创新能力影响商业模式创新的作用机制，探讨价值共创和差异化战略在其中的中介效应；最后分析战略柔性的调节效应。本章研究理论模型如图 4-1 所示。

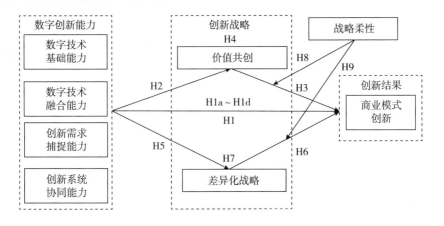

图 4-1 本章研究理论模型

4.4 实证设计与研究方法

4.4.1 研究方法

本书采用大规模问卷调查收集制造业企业的一手数据，主要采用 SPSS22.0 软件和 AMOS23.0 软件进行样本数据的相关性分析、信效度检验、调节效应检验、验证性因子分析、结构方程模型的构建以及路径分析，并采用 Bootstrap 等方法对中介条件的假设进行检验。

4.4.2 数据收集

本书采用大规模问卷调查法，以企业管理层为调研对象收集数据。自我报告问卷调查法是管理与战略领域最常见的数据收集方法（Ren 等，2015），尤其是当变量难以测量或获取时（Pucci 等，2017）。大规模问卷调查法必须经过一系列严谨与规范的程序，包括预调研、正式调研和问卷筛选等。为了检验数字创新能力对商业模式创新的影响，确保其预测有效性，并确保调研采集的数据样本能够反映和代表制造企业的群体表现，本阶段重新收集数据样本。本书在数据收集过程中着重做了以下处理：

正式调研前，依托于子研究一中深度访谈过的 5 家制造企业，对其进行预调研，依据调研时专家的反馈以及调研后的分析结果，对问卷的结构和文字表述等再次修改完善，而后开始正式调研。

在抽样方法方面，本书使用了随机概率抽样方法中的简单随机抽样，以及非概率抽样中的滚雪球抽样方式，既对本书需要的制造企业的样本特征进行了控制，使样本具有一定的代表性，又在抽样中排除了主观选择因素，确保被调研企业的广泛性及有效性，可从调查结果推断总体特征。

在调研方式方面，采用以下三种方法：①基于研究团队的社会关系网络以滚雪球方式向全国各制造企业管理者发放问卷。该部分通过实地访谈和异地邮寄纸质问卷的方式进行。②委托第三方转发。该部分委托了四川省家具制造业协会、机械制造业商会的成员转发电子问卷，主要使用微信转发的方式。③通过专业付费平台（Credamo 见数）定向投放，并通过样本库追踪调研的方法实现第二期数据的回收。依托于该平台的"300 万+"在线样本库，通过一定的限制条件（如答题时间、IP、企业名称、陷阱题目等）确保样本质量。为确保样本采集的广泛性与问卷回收率，笔者基于研究团队的社会网络关系参与企业的讲座、座谈会与培训等，在现场促成与会成员填答问卷，并借助其社会网络关系转发电子问卷到其他相关企业。对于无法现场填答的调研对象，主要采取微信等方式发放和回收问卷。

在调研对象方面，以数字经济背景下的制造企业为研究对象，要求企业中高层管理人员填答问卷，因此为确保每个企业发放一份问卷，要求填答人员填写在天眼查/企查查上能检索到的真实、完整的企业名称，并通过"企业名称"这一题项对重复的企业进行筛选。通过"员工岗位""员工工作年限"等题项的填答来筛选符合研究要求的样本，研究对象需要满足以下条件：属于制造业行业，通过"所属行业"这一题项进行筛选；有一定的数字创新能力，即能借助数字技术或数字平台或数字服务，通过"贵公司所使用的数字技术或数字平台"等甄别题项对问卷进行筛选。

调研历时上，本书分两个阶段发放正式调研问卷：第一阶段是 2022 年 3~5 月，由企业的中高层管理人员填写企业基本信息以及对企业数字创新能力、价值共创、差异化战略、战略柔性进行评价。第二阶段是 2022 年 7~9 月，由企业的中高层管理人员填写商业模式创新的问卷题项。研究发现，数字化相关战略的作用效果一般具有 4 个月及以上的时间滞后性，这是本书滞后 4 个月收集第二批问卷的主要原因。此外，自变量与因变量分阶段收集可预防同时采集可能存在的因果互逆和共同方法偏差问题。回收问卷后，根据企业名称及编号进行匹配，将同一企业不同阶段的数据整合形成完整数据。

4.4.3 问卷设计与变量测量

为确保问卷设计的科学性和严谨性，本书采用在国内外权威期刊上已发表文章中使用和验证过的成熟量表，确保量表的科学性和可操作性。在设计整体问卷的过程中，还考虑了被调研对象的主观情绪，遵循适当原则，在确保题项能够充分测量变量的情况下，控制了整体题项的数量，确保整体样本的有效性。最终问卷详见附录 3。

4.4.3.1 因变量：商业模式创新（BMI）

对于商业模式创新的测量，本书借鉴 Clauss（2017）开发的量表，并结合郭海和韩佳平（2019）在中国情景下使用过的量表，从价值创造（Value Creation）、价值主张（Value Proposition）与价值捕获（Value Capture）3 个维度共 12 个题项进行度量，具体测量题项如表 4-2 所示。

表 4-2　BMI 测量量表

变量		编号	题项
商业模式创新 BMI	价值创造创新	BMI1	我们不断反省和思考应对市场变化所需的最新能力
		BMI2	我们不断运用新技术以拓展产品和服务组合
		BMI3	我们充分利用引入新合作伙伴后带来的机会
		BMI4	我们在产品生产过程中采用了创新性的工艺和流程
	价值主张创新	BMI5	我们高度关注行业变化趋势，并不断调整在商业生态圈中的定位
		BMI6	我们高度关注那些新的或尚未被满足的用户需求
		BMI7	相比竞争对手，我们的产品/服务更具创新性、用户体验更好
		BMI8	我们不断寻找新的客户群体和市场来推广产品/服务
		BMI9	我们试图通过不断提供新产品/服务内容来增强用户黏性
	价值捕获创新	BMI10	我们最近开发了新的收入模式（如附加销售、交叉销售等）
		BMI11	相比竞争对手，我们的收入模式与众不同
		BMI12	我们经常革新我们的价格策略和质量策略

4.4.3.2 自变量：数字创新能力（DIC）

对于数字创新能力的测量，本书使用子研究一开发的量表（廖民超等，

2023)，包含数字技术基础能力、数字技术融合能力、创新需求捕捉能力与创新系统协同能力4个维度共22个题项，具体测量题项如表4-3所示。

表4-3　DIC测量量表

变量		编号	题项
数字创新能力DIC	数字技术基础能力DICa	DIC1	我们有良好的数字化硬件设施
		DIC2	我们能利用数字技术整合不同的数据（业务、库存等以及外部公开数据）
		DIC3	我们能利用数字技术获取、链接到所需资源
		DIC4	我们能利用数字技术对收集的信息进行智能分析
		DIC5	我们能利用数字技术智能辅助工作
	数字技术融合能力DICb	DIC6	我们能利用数字技术支持企业发展战略
		DIC7	我们能利用数字技术满足各业务板块的工作需求
		DIC8	我们能利用数字技术优化原有的管理流程
		DIC9	我们能根据工作需要正确使用数字技术
		DIC10	我们能利用数字技术改善产品质量/服务
	创新需求捕捉能力DICc	DIC11	我们能利用数字技术发现新的市场需求
		DIC12	我们能利用数字技术洞察市场环境变化（政策、法规、竞争者动态等）
		DIC13	我们能利用数字技术动态评估及调整创新方案
		DIC14	我们能利用数字技术及时响应市场需求
	创新系统协同能力DICd	DIC15	我们的技术人员能定期维护系统、设备并及时处理各部门技术问题
		DIC16	我们各部门能利用数字技术协同合作
		DIC17	我们公司支持并鼓励产品开发、服务改进等创新活动
		DIC18	我们能从外部获取创新所需的资金、政策、人才等支持
		DIC19	我们与政府、中介机构等各类组织有融洽的合作关系
		DIC20	我们能利用数字技术与合作伙伴实现业务集成
		DIC21	我们能利用数字技术与合作伙伴共享资源
		DIC22	我们能利用数字技术与合作伙伴共同解决问题

4.4.3.3　中介变量：价值共创（VCC）

价值共创（VCC）的测量参考Prahalad和Ramaswamy（2004）提出的价值共创构念，并借鉴赵艺璇等（2022）在对中国企业价值共创行为的研究中使用过的量表，共11个题项，具体测量题项如表4-4所示。

表 4-4　VCC 测量量表

变量	编号	题项
价值共创 VCC	VCC1	我们与合作伙伴能够形成共同认可的战略目标
	VCC2	我们能够清晰地表述自身的价值需求并且接纳其他合作伙伴的价值需求
	VCC3	我们能够与合作伙伴在多方面形成优势互补
	VCC4	我们与合作伙伴在利润分配的透明度、分配方案等方面均表示满意
	VCC5	我们能够与合作伙伴分享资源（如技术信息、产品服务、资本、人才交流等）
	VCC6	我们愿意配合合作伙伴实现战略目标
	VCC7	我们能够合理利用合作伙伴的技术、工艺、人才等资源，真诚合作，避免不良竞争
	VCC8	我们在遇到摩擦（利益分配不均、战略目标相左）时，作为合作伙伴能够通过良好的沟通进行解决，并最终达成一致
	VCC9	我们作为合作伙伴能共同发现新的价值目标并通过共同的努力获取价值（如新技术的共同孵化）
	VCC10	我们作为合作伙伴愿意一起评估风险和分担风险（包括技术研发风险、成果转化风险、资金周转风险、基础投入的风险等）
	VCC11	我们愿意与合作伙伴为共同的价值实现付出努力，不存在"搭便车"的机会主义行为

4.4.3.4　中介变量：差异化战略（DS）

差异化战略（DS）的测量参考了波特的经典竞争策略（Porter，1980），并借鉴了国内外研究中使用过的成熟量表（郑兵云等，2011；Espino-Rodríguez 和 Lai，2014；Knight 等，2020），共 5 个题项，具体测量题项如表 4-5 所示。

表 4-5　DS 测量量表

变量	编号	题项
差异化战略（DS）	DS1	我们会为了提高客户的满意度增加成本
	DS2	我们提供比最直接的竞争对手更优质的产品/服务
	DS3	我们的产品/服务还增加了一些其他功能来强调其价值
	DS4	我们有一些不同于我们的竞争对手的产品/服务
	DS5	我们为客人提供一些创新的产品和服务

4.4.3.5　调节变量：战略柔性（SF）

战略柔性的测量参考学者对于前瞻型战略柔性与反应型战略柔性的测量，并借鉴国内外研究中使用过的成熟量表（Yang 和 Gan，2020；庄彩云等，2020），共 7 个题项，具体测量题项如表 4-6 所示。

表 4-6　SF 测量量表

变量	编号	题项
战略柔性（SF）	SF1	我们能够从外部环境的变化中识别出发展机会
	SF2	我们尝试不断地改造或者重组来更好地满足市场需求
	SF3	我们努力尝试通过技术改进来创造新的技术标准
	SF4	我们通常能够抓住环境变化带来的机遇
	SF5	我们在提出创新战略时总会考虑一系列的备选方案
	SF6	我们可以迅速调整生产或服务水平以支持市场波动的需求
	SF7	我们总是根据环境变化不断调整战略

4.4.3.6　控制变量：企业规模

本书在研究模型中加入控制变量，以控制内生因素可能产生的干扰。研究发现，企业规模、性质、成立年限和所属行业均会对数字化转型和数字创新活动产生影响（黄昊等，2020；李巍等，2021；徐广平，2021）。因此，本书将企业规模设置为控制变量，并采用企业现有员工总人数来衡量；将企业性质作为控制变量，分为国有企业与非国有企业，采用 0-1 变量衡量；将成立年限作为控制变量，采用截至 2022 年已成立的年限来衡量；将企业所属行业作为控制变量，由于本书的研究对象均为制造企业，按照国家统计局《高技术产业（制造业）分类（2017）》的分类标准，将高技术制造业分为 6 大类（包括医药制造，航空、航天器及设备制造，电子及通信设备制造，计算机及办公设备制造，医疗仪器设备及仪器仪表制造，信息化学品制造），其余类型归为非高技术制造业[①]，采用 0-1 变量衡量，将属于高技术制造业的企业样本设置为 1，属于非高技术制造业的企业样本设置为 0。

---

① http：//www.stats.gov.cn/tjsj/tjbz/201812/t20181218_1640081.html.

4.5　预调研及问卷修正

　　预调研是问卷调查法中不可或缺的一部分。由于本书借鉴了不同行业情境下的量表，因此通过预调研对量表进行适当修正以确保量表适用于中国制造企业。本书选择的调查对象是制造企业的中高层管理者，确保被调研者对企业整体情况有较好的理解。预调研时在 MBA 班学员中发放问卷，邀请所属制造企业管理层的学员在课后进行集中填答，并对表述有问题的题项进行反馈。最终收回 53 份有效问卷，对问卷部分内容进行了语句修正。通过对预调研数据的分析，检验了量表具有良好的信效度。邀请了 3 名管理学领域的教授及多位企业管理者对测量条目的内容、语言表达等进行定性评估，确保了量表的内容效度。基于以上专家的修改意见，经过与导师讨论，重新对部分题项的文字表述进行了修改，并最终形成了本书的正式调研问卷。

4.6　本章小结

　　本章详细地叙述了研究设计，通过对本书研究问题的综合考虑，以及梳理了关键变量的内涵、维度划分和测量方法，总结并借鉴相关研究成果，选择利用大规模问卷调查的方式获取一手数据，衡量制造企业的数字创新能力、价值共创、差异化战略、战略柔性和商业模式创新。首先，基于对现有研究的梳理，选择了现有测量数字创新能力、价值共创、差异化战略、战略柔性和商业模式创新的量表，这些量表具有较高的信效度水平。其次，在现有研究的基础上，选择了企业规模、性质、成立年限和所属行业作为控制变量。最后，通过预调研结果对问卷进行了修正，进一步进行正式样本调研，为第 5 章的实证研究提供数据支撑。

第5章　数字创新能力对商业模式创新作用机制的实证分析

基于第 4 章的研究设计，本章旨在利用 SPSS 22.0 和 AMOS 23.0 软件，通过结构方程模型等方法对研究假设进行实证检验。首先，描述核心大样本数据的收集过程并对其进行描述性统计分析，描述样本的基本特征。其次，为确保数据的有效性以适合进行实证分析，通过同源方法偏差检验、单因素方差分析、信度检验、效度检验、验证性因子分析等程序验证样本质量。最后，通过相关性分析、AMOS 结构方程模型分析和调节效应检验，以验证数字创新能力、价值共创、差异化战略、战略柔性和商业模式创新等变量之间的关系假设，并进一步对结果进行讨论。

5.1　数据分析

5.1.1　样本特征

通过 2022 年 3~5 月及 7~9 月两个阶段的数据收集，最终共收回 683 家企业样本，通过"答题时长""员工岗位""员工工作年限""贵公司所使用的数字技术或数字工具"等甄别题项对问卷进行筛选，并剔除含有缺失值和具有倾向性且规律性较高的无效样本。并且，由于本书研究以企业为分析单位，为确保每个企业发放一份问卷，通过"企业名称"这一题项进行筛选并编号，对两期回收的数据进行匹配后，得到有效问卷 413 份，有效问卷回收率为 60.4%。样本中调研对象的平均工作年限为 7 年，线上平均作答时间为 6.8 分钟，工作岗位包含了销售经理、研发部主管、财务经理、车间主任、信息与保密办主任、人事主管和生产部主任等。调研样本在全国的分布较为均衡，其中，北方、南方、西部、东部与中原地区的企业分别占比 21.86%、18.23%、22.67%、21.05% 与 16.19%。本书参考国家统计局《高技术产业（制造业）分类（2017）》发布的分类标准，将高技术制造业分类为医药制造，航空、航天器及设备制造，电子及通信设备制造，计算机及办公设备制造，医疗仪器设备及仪器仪表制造，信息化学品制造六大类，其余类型归为非高技术制造业。按照该分类划分样本企业，其中，非高技术制造业企业占比 25.67%，高技术制造业企业占比 74.33%。样本特征如表 5-1 所示。

表 5-1　样本基本特征（N=413）

类型	类别	数量（份）	占比（%）	类型	类别	数量（份）	占比（%）
企业所属行业	医药制造业	51	12.34	企业性质	国有企业	133	32.20
	航空、航天器及设备制造业	18	4.36		非国有企业	280	67.80
	电子及通信设备制造业	85	20.58	企业规模	50 人以下	7	1.70
	计算机及办公设备制造业	69	16.71		50~100 人	21	5.08
	医疗仪器设备及仪器仪表制造业	37	8.96		101~500 人	159	38.50
	信息化学品制造业	47	11.38		501~1000 人	132	31.96
	其他制造业	106	25.67		1001 人及以上	94	22.76
数据来源	社会网络关系"滚雪球"方式	134	32.44	成立年限	3~5 年	12	2.91
	行业协会转发	78	18.89		6~15 年	231	55.93
	付费平台定向投放	201	48.67		15 年以上	170	41.16

本书通过"贵公司所使用的数字技术或数字工具"这一开放式验证性题项，对被调研制造企业所使用的数字技术或数字工具的填答进行同类词合并，并对统计中排名前 20 的关键词进行词频分析（见图 5-1）。调研结果显示，制造企业除了使用大部分企业都应用的数字化企业管理系统（如 ERP 系统、管家婆进销存管理系统）、数字化办公软件（如 OA 系统），还有典型的具有制造企业生产制造特点的数字化工具。例如，制造企业生产设计过程中使用的三维 CAD 绘图技术；现代制造企业大量使用的数字控制机床技术以及能助力企业管理生产计划、控制生产过程和管理产品质量的制造执行系统 MES；制造企业常用的 TBarCode SDK 条码自动生成软件等。通过词频分析发现，当前智能制造企业使用了很多云计

算、机器人、通信服务器及数据分析工具。其中，较为广泛应用的 BI 系统，也称为 SmartBi 软件，作为国内常用的大数据分析工具，能够帮助企业实现报表分析、数据可视化等。DAServer 作为一款通信服务器，在制造企业生产制造过程中也扮演着关键角色，能够为工厂中使用的各种控制与传感设备提供接口，帮助企业增强通信诊断功能等。OPC Server 也是一种服务器软件，在工业自动化中帮助企业整合信息系统，为硬件制造商与软件开发商提供了一个桥梁。它能够在制造现场提供与各种生产控制设备（如机床和机器人）的连接，确保正常通信，可以在不同制造商的设备之间交换数据，为各种应用程序桥接数据。Cloudera 提供了一个数据生态系统架构要求的混合数据平台，允许客户在多个公共和私有云以及本地访问和分析数据，使企业能够做出由数据驱动的明智决策，帮助企业建立由数据驱动的未来。智能无人驾驶技术也在制造企业中被广泛应用，不仅可以赋能工业机械智能工作，结合 AGV 移动机器人等，还能助力供应链智慧物流与无人物流，实现制造业企业低成本高效的物流运输。还有智能机器人的使用，不仅能提高生产制造过程中的准确度和产品质量，还能在一些危险的生产环境中代替人工，提高作业安全性。

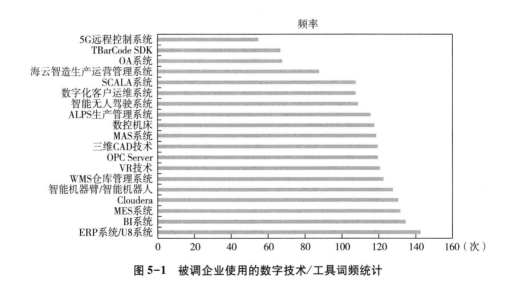

图 5-1　被调企业使用的数字技术/工具词频统计

5.1.2　共同方法偏差检验与单因素方差分析

在自陈量表测量中，常由于采用同一种测量方式或被调研者的主观反应偏向等导致的共同方法偏差（Common Method Bias，CMB）问题会影响测量的效度（汤丹丹和温忠麟，2020）。为提高研究结果的客观性和有效性，本书在程序上首先进行控制以减弱共同方法偏差问题，其次通过统计检验方法对其影响进行检验。在程序控制方面，多渠道的数据收集可以有效降低共同方法偏差问题（Meier 和 Spector，2013），因此本书通过三种渠道发放和收集问卷，并且测量题项易于理解，采用匿名调研的方式分两个不同时间段采集问卷数据，程序上总体有利于降低共同方法偏差的影响。

本书采用 Harman 单因素法进行共同方法偏差检验，即对全部量表共计 57 个题项做探索性因子分析（见表 5-2）。通过主成分分析法，共提取出 10 个特征值大于 1 的公因子，首个因子的解释量为 32.790%（低于 40% 的标准），表明不存在一个公因子解释了大部分变异量的情况，累计方差解释率为 69.159%，说明本书不存在严重的共同方法偏差问题，可进行进一步的实证分析。由于本书通过三种渠道采集数据，需要确保三组独立样本之间没有显著差异性，才能将样本合并进行分析。因此，本书采用 SPSS22.0 执行单因素方差分析，比对三种渠道来源的样本数据的均值和方差（见表 5-3）。结果显示，三组样本数据在各个变量维度上的均值和标准差均无显著差异，F 值均小于 1.96，显著性大于 0.05，表明三组样本数据没有显著的偏差。

表 5-2　共同方法偏差检验

成分	初始特征值			提取平方和载入		
	合计	方差的%	累计%	合计	方差的%	累计%
1	18.690	32.790	32.790	18.690	32.790	32.790
2	5.966	10.467	43.257	5.966	10.467	43.257
3	2.957	5.188	48.445	2.957	5.188	48.445
4	2.521	4.422	52.868	2.521	4.422	52.868
5	2.152	3.775	56.643	2.152	3.775	56.643
6	1.688	2.962	59.605	1.688	2.962	59.605
7	1.576	2.764	62.370	1.576	2.764	62.370
8	1.348	2.366	64.735	1.348	2.366	64.735
9	1.323	2.320	67.056	1.323	2.320	67.056
10	1.199	2.103	69.159	1.199	2.103	69.159
11	0.693	1.215	70.374			

续表

成分	初始特征值			提取平方和载入		
	合计	方差的%	累计%	合计	方差的%	累计%
12	0.641	1.125	71.499			
13	0.625	1.097	72.595			
14	0.593	1.040	73.636			
15	0.572	1.004	74.640			
16	0.565	0.991	75.631			
17	0.550	0.964	76.596			
18	0.538	0.944	77.540			
19	0.527	0.924	78.464			
20	0.508	0.892	79.356			
21	0.489	0.858	80.214			
22	0.484	0.849	81.063			
23	0.465	0.815	81.878			
24	0.456	0.800	82.679			
25	0.454	0.796	83.475			
26	0.433	0.760	84.235			
27	0.416	0.730	84.965			
28	0.409	0.717	85.682			
29	0.401	0.703	86.385			
30	0.394	0.690	87.075			
31	0.387	0.679	87.755			
32	0.377	0.661	88.416			
33	0.369	0.646	89.063			
34	0.354	0.622	89.684			
35	0.350	0.613	90.298			
36	0.339	0.594	90.892			
37	0.328	0.575	91.467			
38	0.321	0.563	92.030			
39	0.316	0.554	92.584			
40	0.305	0.534	93.119			
41	0.296	0.518	93.637			
42	0.288	0.505	94.142			

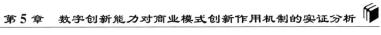

续表

成分	初始特征值			提取平方和载入		
	合计	方差的%	累计%	合计	方差的%	累计%
43	0.282	0.494	94.636			
44	0.274	0.480	95.116			
45	0.261	0.457	95.574			
46	0.255	0.447	96.021			
47	0.253	0.444	96.465			
48	0.238	0.418	96.883			
49	0.232	0.407	97.291			
50	0.220	0.387	97.677			
51	0.215	0.377	98.055			
52	0.208	0.365	98.420			
53	0.196	0.344	98.764			
54	0.189	0.332	99.096			
55	0.184	0.322	99.418			
56	0.173	0.303	99.721			
57	0.159	0.279	100			

表 5-3　单因素方差分析

变量	分组	N	均值	标准差	F	显著性
DICa	1	134	3.399	0.928	0.254	0.775
	2	78	3.374	0.896		
	3	201	3.452	0.915		
DICb	1	134	3.231	0.765	1.222	0.296
	2	78	3.323	0.698		
	3	201	3.168	0.765		
DICc	1	134	3.627	0.962	0.477	0.621
	2	78	3.606	0.924		
	3	201	3.527	0.985		
DICd	1	134	3.585	1.013	0.105	0.900
	2	78	3.542	0.949		
	3	201	3.536	0.976		

续表

变量	分组	N	均值	标准差	F	显著性
VCC	1	134	3.421	0.915	0.598	0.550
	2	78	3.534	0.936		
	3	201	3.402	0.910		
DS	1	134	3.581	0.935	0.261	0.770
	2	78	3.664	0.760		
	3	201	3.622	0.768		
SF	1	134	3.167	0.992	0.079	0.924
	2	78	3.196	1.020		
	3	201	3.145	0.953		
BMIa	1	134	3.685	0.746	1.178	0.309
	2	78	3.737	0.725		
	3	201	3.595	0.788		
BMIb	1	134	3.634	0.758	1.712	0.182
	2	78	3.750	0.726		
	3	201	3.570	0.721		
BMIc	1	134	3.711	0.769	0.229	0.795
	2	78	3.782	0.712		
	3	201	3.739	0.728		

5.1.3 样本描述性统计分析

本书提出的关系模型中包括 5 个关键变量共 10 个维度，分别是数字创新能力（DIC）、战略柔性（SF）、价值共创（VCC）、差异化战略（DS）和商业模式创新（BMI），其中，数字创新能力（DIC）有 4 个维度（分别命名为 DICa、DICb、DICc、DICd，下同），商业模式创新（BMI）有 3 个维度（分别命名为 BMIa、BMIb、BMIc，下同）。对所有变量维度的测量，本书均采用 Likert 5 级量表，表5-4 展示了相应的描述性统计分析结果。

表 5-4 描述性统计分析（N=413）

变量	均值	标准差	偏度	峰度
DICa	3.420	0.914	−0.508	−0.767
DICb	3.218	0.753	−0.269	0.113
DICc	3.575	0.965	−0.585	−0.447
DICd	3.553	0.981	−0.584	−0.793
DS	3.617	0.823	−0.289	−0.063
VCC	3.433	0.916	−0.406	−0.935
SF	3.162	0.977	0.021	−1.024
BMIa	3.651	0.764	−0.434	−0.002
BMIb	3.625	0.736	−0.652	0.576
BMIc	3.738	0.737	−0.521	0.253

由表 5-4 可知，各个因子的均值都在 3.20~3.74，说明样本分布比较均匀。并且，标准差在 0.73~0.98，说明离散程度较小。其中，偏度绝对值小于 3，且峰度绝对值小于 8 时，说明样本基本符合正态分布，可展开进一步的分析。

5.1.4 信度分析

为确保实证分析结果的真实和准确程度，需要在实证分析之前对问卷数据的可靠性和可信度进行检验。本书先检验样本数据的内在信度与外在信度。内在信度主要评估测量题项的内在一致性程度。学术界普遍认为，在社会科学领域的研究中，当 Cronbach's α 系数大于 0.7 时，表示问卷的内部一致性较好，量表有良好的信度；当 Cronbach's α 系数小于 0.7 时，则代表内部一致性较差，在此情况下，问卷数据不宜使用。

本书分别检验量表中各个维度的信度，采用 Cronbach's α 系数评估问卷的内部一致性。由表 5-5 可知，本书涉及 5 个关键变量，共 10 个维度，各维度的 Cronbach's α 系数都在 0.7 以上，大于判别标准。其中，DIC 变量 4 个维度的 Cronbach's α 系数分别是 0.873、0.853、0.868 和 0.934；VCC 的 Cronbach's α 系数是 0.948；DS 的 Cronbach's α 系数为 0.893；SF 的 Cronbach's α 系数为 0.918；BMI 变量 3 个维度的 Cronbach's α 系数分别是 0.877、0.867 和 0.870。另外，各个题项的 CITC 均大于 0.6（符合大于 0.5 的标准），说明整体量表有良好的信度，可以作为本书研究的测量工具。

表 5-5　各测量维度的信度分析

变量	题项	CITC	项已删除的 Cronbach's α 值	Cronbach's α 值
DICa	DIC1	0.739	0.837	0.873
	DIC2	0.696	0.847	
	DIC3	0.687	0.849	
	DIC4	0.694	0.848	
	DIC5	0.685	0.850	
DICb	DIC6	0.685	0.817	0.853
	DIC7	0.690	0.816	
	DIC8	0.654	0.826	
	DIC9	0.642	0.829	
	DIC10	0.656	0.825	
DICc	DIC11	0.732	0.827	0.868
	DIC12	0.750	0.820	
	DIC13	0.710	0.836	
	DIC14	0.689	0.844	
DICd	DIC15	0.800	0.923	0.934
	DIC16	0.784	0.924	
	DIC17	0.772	0.925	
	DIC18	0.751	0.926	
	DIC19	0.729	0.928	
	DIC20	0.798	0.923	
	DIC21	0.745	0.927	
	DIC22	0.769	0.925	
VCC	VCC1	0.775	0.942	0.948
	VCC2	0.783	0.942	
	VCC3	0.753	0.943	
	VCC4	0.746	0.943	
	VCC5	0.686	0.945	
	VCC6	0.767	0.942	
	VCC7	0.760	0.943	
	VCC8	0.758	0.943	
	VCC9	0.772	0.942	
	VCC10	0.825	0.940	
	VCC11	0.792	0.942	

变量	题项	CITC	项已删除的 Cronbach's α 值	Cronbach's α 值
DS	DS1	0.745	0.868	0.893
	DS2	0.728	0.872	
	DS3	0.730	0.872	
	DS4	0.757	0.865	
	DS5	0.729	0.872	
SF	SF1	0.692	0.911	0.918
	SF2	0.747	0.905	
	SF3	0.744	0.906	
	SF4	0.744	0.906	
	SF5	0.742	0.906	
	SF6	0.768	0.903	
	SF7	0.788	0.901	
BMIa	BMI1	0.781	0.823	0.877
	BMI2	0.705	0.853	
	BMI3	0.745	0.838	
	BMI4	0.706	0.853	
BMIb	BMI5	0.686	0.845	0.867
	BMI6	0.751	0.818	
	BMI7	0.712	0.833	
	BMI8	0.728	0.827	
BMIc	BMI9	0.737	0.827	0.870
	BMI10	0.712	0.837	
	BMI11	0.708	0.839	
	BMI12	0.732	0.830	

5.1.5　效度分析

本书采用以往研究通常使用的探索性因子分析、验证性因子分析、AVE 等方法进行效度分析，分别从内容效度和结构效度两个方面检验评估。内容效度方面，本书通过前期向 3 位管理学领域专家以及多位业界专家咨询的方式来控制。通过专家对量表语言准确性的专业判断与评估，以及适当的修改，来控制量表的内容效度。结构效度方面，本书通过AMOS23.0软件进行探索性因子分析与验证性因子分析（CFA），以此来检验量表是否能够准确测出所衡量的变量及维度。

5.1.5.1 探索性因子分析

探索因子分析一般通过KMO值（KMO值大于0.7）与Bartlett球形检验是否显著来判断各个测量变量是否具有稳定的结构效度。当变量之间有较强的相关性时可做进一步的分析。由表5-6可知，样本数据的KMO检验值为0.956（大于0.70的标准），Bartlett球形检验结果中，显著性为0.000（P<0.01，小于0.05的标准），即拒绝Bartlett球形检验的零假设，说明量表的结构效度较好。

表5-6 KMO和Bartlett球形检验

Kaiser-Meyer-Olkin（KMO）		0.956
Bartlett球形检验	近似卡方	15832.887
	df	1596.000
	Sig.	0.000

因此，本书进一步使用SPSS22.0软件，通过主成分分析法抽取特征值大于1的因子，得到因子旋转矩阵（见表5-7）。结果显示，共提取出10个公因子，累计贡献率为69.159%，大于60%，并且每个项目的因子载荷均高于0.6，大于0.5的判别标准，说明本书选取的量表具有良好的结构效度。

表5-7 因子旋转矩阵

题项	成分									
	1	2	3	4	5	6	7	8	9	10
DIC1					0.666					
DIC2					0.686					
DIC3					0.720					
DIC4					0.715					
DIC5					0.671					
DIC6						0.679				
DIC7						0.639				
DIC8						0.673				
DIC9						0.669				
DIC10						0.703				

题项	成分									
	1	2	3	4	5	6	7	8	9	10
DIC11										0.699
DIC12										0.716
DIC13										0.706
DIC14										0.688
DIC15		0.730								
DIC16		0.769								
DIC17		0.768								
DIC18		0.698								
DIC19		0.731								
DIC20		0.762								
DIC21		0.736								
DIC22		0.733								
SF1			0.737							
SF2			0.767							
SF3			0.742							
SF4			0.775							
SF5			0.772							
SF6			0.790							
SF7			0.806							
VCC1	0.777									
VCC2	0.759									
VCC3	0.755									
VCC4	0.711									
VCC5	0.681									
VCC6	0.766									
VCC7	0.763									
VCC8	0.762									
VCC9	0.785									
VCC10	0.815									
VCC11	0.784									
BMI1							0.752			

题项	成分									
	1	2	3	4	5	6	7	8	9	10
BMI2							0.761			
BMI3							0.750			
BMI4							0.733			
BMI5								0.731		
BMI6								0.766		
BMI7								0.743		
BMI8								0.791		
BMI9									0.687	
BMI10									0.749	
BMI11									0.668	
BMI12									0.691	
DS1				0.786						
DS2				0.742						
DS3				0.752						
DS4				0.789						
DS5				0.729						
特征值	18.690	5.966	2.957	2.521	2.152	1.688	1.576	1.348	1.323	1.199
方差贡献率	13.459	10.825	8.478	6.179	5.625	5.512	5.054	5.050	4.563	4.414
累计贡献率	13.459	24.284	32.763	38.941	44.566	50.078	55.132	60.183	64.745	69.159

5.1.5.2 验证性因子分析

CFA 分析可通过构建结构方程建模来实现，并根据模型的拟合值和标准化的因子载荷，来判断一个变量/维度与对应的测量题项的关系是否符合研究假设，由此检验问卷的效度。

本书涉及的关键变量有 5 个（共 10 个测量维度），即数字创新能力（DIC）、差异化战略（DS）、价值共创（VCC）、战略柔性（SF）与商业模式创新（BMI）。其中，数字创新能力（DIC）有 4 个子维度，即 DICa、DICb、DICc、DICd；商业模式创新（BMI）有 3 个子维度，即 BMIa、BMIb、BMIc，共计 57 个测量题项。因此，本书构建了包含 5 个变量共 10 个维度的二阶五因子 CFA 模型（见图 5-2）。对验证性因子模型的拟合度进行检验后得到表 5-8。根据 Kenneth

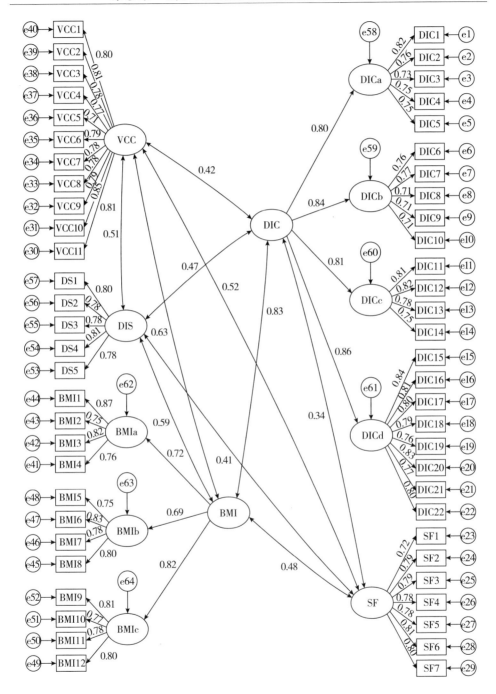

图 5-2 二阶五因子 CFA 模型

（1987）对模型拟合的建议进行判断（下同），该模型的卡方自由度比为 1.140，符合小于 3 的判断标准；模型的 GFI 为 0.877、AGFI 为 0.866，均大于 0.8 的可接受值；IFI 为 0.986，大于 0.9，说明本书量表的适配度较高。CFI 为 0.986，TLI 为 0.985，明显高于 0.9 的判别标准。NFI 的值越接近 1 则模型适配度越好，该模型的 NFI 为 0.896，接近 0.9，符合通用标准，说明模型拟合度较好。RMSEA 为 0.018，小于 0.08 的判别标准。因此，二阶五因子验证性因子分析结果表明，该模型总体拟合度较好。

表 5-8　二阶五因子 CFA 模型拟合结果

统计检验量	统计值	适配标准或临界值
χ^2/df	1.140	1<NC<3
GFI	0.877	>0.8
AGFI	0.866	>0.8
IFI	0.986	>0.9
CFI	0.986	>0.9
TLI	0.985	>0.9
NFI	0.896	>0.9
RMSEA	0.018	<0.08

注：χ^2/df 为卡方/自由度；GFI 为拟合优度指数；AGFI 为调整后的拟合优度指数；IFI 为增值适配指数；CFI 为比较拟合指数；TLI 为非规范拟合指数；NFI 为规范拟合指数；RMSEA 为渐进残差均方和平方根（下同）。

此外，由于本书的研究假设涉及自变量的二阶模型，因此对自变量数字创新能力（DIC）二阶模型进行验证性因子分析，构建由数字技术基础能力（DICa）、数字技术融合能力（DICb）、创新需求捕捉能力（DICc）和创新系统协同能力（DICd）构成的数字创新能力（DIC）的二阶模型，具体如图 5-3 所示。

同样地，对数字创新能力的二阶 CFA 模型的拟合度检验结果进行整理，得到表 5-9。该模型的卡方自由度比为 1.093，符合小于 3 的判断标准；模型的 GFI 为 0.953、AGFI 为 0.942，均大于 0.8 的可接受值；IFI 为 0.997，大于 0.9，说明本书量表的适配度较高。CFI 为 0.997，TLI 为 0.996，明显高于 0.9 的判别标准。NFI 的值越接近 1 则模型适配度越好，该模型的 NFI 为 0.961，接近 0.9，符合通用标准，说明模型拟合度较好。RMSEA 为 0.015，小于 0.08 的判别标准。因此，验证性因子分析结果表明，该模型总体拟合度较好。

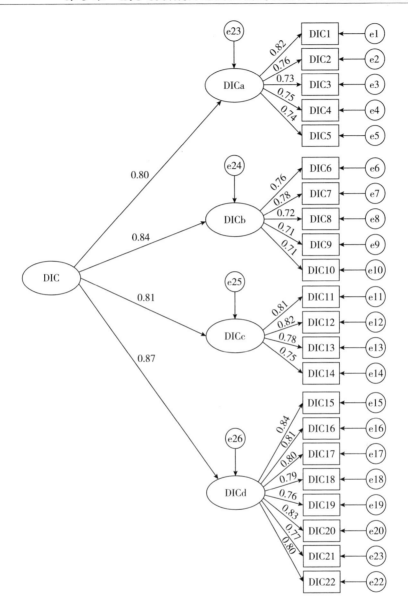

图 5-3　数字创新能力二阶 CFA 模型

表 5-9　数字创新能力二阶 CFA 模型拟合结果

统计检验量	统计值	适配标准或临界值
χ^2/df	1.093	1<NC<3

续表

统计检验量	统计值	适配标准或临界值
GFI	0.953	>0.8
AGFI	0.942	>0.8
IFI	0.997	>0.9
CFI	0.997	>0.9
TLI	0.996	>0.9
NFI	0.961	>0.9
RMSEA	0.015	<0.08

由于本书涉及因变量的二阶模型，因此对因变量商业模式创新（BMI）二阶模型进行验证性因子分析，构建由价值创造（BMIa）、价值主张（BMIb）、价值捕获（BMIc）构成的商业模式创新（BMI）的二阶模型，具体如图 5-4 所示。

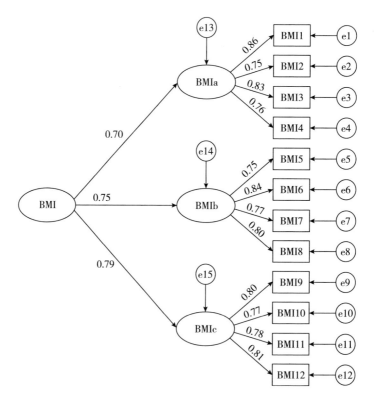

图 5-4　商业模式创新二阶 CFA 模型

同样地，对商业模式创新的二阶 CFA 模型的拟合度检验结果进行整理，得到表 5-10。该模型的卡方自由度比为 1.090，符合小于 3 的判断标准；模型的 GFI 为 0.978、AGFI 为 0.966，均大于 0.8 的可接受值；IFI、CFI、TLI 的值均为 0.998，明显高于 0.9 的判别标准；该模型的 NFI 为 0.980，接近 0.9，符合通用标准，说明模型拟合度较好。RMSEA 为 0.015，小于 0.08 的判别标准。因此，验证性因子分析结果表明，该模型总体拟合度较好。

表 5-10 商业模式创新二阶 CFA 模型拟合结果

统计检验量	统计值	适配标准或临界值
χ^2/df	1.090	1<NC<3
GFI	0.978	>0.8
AGFI	0.966	>0.8
IFI	0.998	>0.9
CFI	0.998	>0.9
TLI	0.998	>0.9
NFI	0.980	>0.9
RMSEA	0.015	<0.08

5.1.5.3 收敛效度检验

收敛效度用来确定当使用不同的测量工具测量相同概念时获得的分类是否高度相关，可以通过组合信度（Composite Reliability，CR）和平均方差萃取量（Average Variable Extraction，AVE）来检验判断。

首先，本书对整体量表 10 个维度共 57 个题项的收敛效度进行检验，结果如表 5-11 所示。

表 5-11 整体量表收敛效度分析结果

变量	题项	标准化因子载荷	S. E.	C. R.	P	CR	AVE
DICa	DIC1	0.819				0.873	0.579
	DIC2	0.759	0.055	16.755	***		
	DIC3	0.734	0.054	16.064	***		
	DIC4	0.746	0.052	16.387	***		
	DIC5	0.744	0.055	16.345	***		

续表

变量	题项	标准化因子载荷	S. E.	C. R.	P	CR	AVE
DICb	DIC6	0.758				0.853	0.538
	DIC7	0.775	0.063	15.517	***		
	DIC8	0.715	0.065	14.236	***		
	DIC9	0.709	0.060	14.109	***		
	DIC10	0.708	0.065	14.087	***		
DICc	DIC11	0.807				0.869	0.624
	DIC12	0.821	0.058	18.078	***		
	DIC13	0.778	0.056	16.925	***		
	DIC14	0.751	0.058	16.209	***		
DICd	DIC15	0.836				0.934	0.639
	DIC16	0.811	0.046	19.984	***		
	DIC17	0.798	0.047	19.501	***		
	DIC18	0.788	0.048	19.131	***		
	DIC19	0.756	0.049	17.986	***		
	DIC20	0.828	0.047	20.680	***		
	DIC21	0.774	0.047	18.632	***		
	DIC22	0.800	0.046	19.579	***		
VCC	VCC1	0.798				0.948	0.622
	VCC2	0.810	0.054	18.813	***		
	VCC3	0.775	0.054	17.733	***		
	VCC4	0.775	0.053	17.725	***		
	VCC5	0.709	0.052	15.799	***		
	VCC6	0.790	0.054	18.200	***		
	VCC7	0.784	0.052	18.002	***		
	VCC8	0.779	0.053	17.851	***		
	VCC9	0.791	0.053	18.228	***		
	VCC10	0.847	0.053	20.021	***		
	VCC11	0.811	0.056	18.855	***		

续表

变量	题项	标准化因子载荷	S. E.	C. R.	P	CR	AVE
DS	DS1	0.798				0.893	0.626
	DS2	0.780	0.058	17.016	***		
	DS3	0.781	0.061	17.022	***		
	DS4	0.811	0.058	17.856	***		
	DS5	0.786	0.059	17.160	***		
BMIa	BMI1	0.869				0.877	0.642
	BMI2	0.748	0.049	17.443	***		
	BMI3	0.820	0.047	19.916	***		
	BMI4	0.761	0.050	17.880	***		
BMIb	BMI5	0.747				0.869	0.624
	BMI6	0.834	0.061	16.446	***		
	BMI7	0.777	0.064	15.350	***		
	BMI8	0.800	0.063	15.811	***		
BMIc	BMI9	0.813				0.870	0.625
	BMI10	0.766	0.055	16.725	***		
	BMI11	0.779	0.052	17.086	***		
	BMI12	0.804	0.055	17.741	***		
SF	SF1	0.721				0.918	0.616
	SF2	0.785	0.071	15.529	***		
	SF3	0.788	0.068	15.575	***		
	SF4	0.780	0.070	15.419	***		
	SF5	0.778	0.070	15.377	***		
	SF6	0.806	0.071	15.948	***		
	SF7	0.832	0.071	16.458	***		

注：***表示 P<0.001。

由表 5-11 可知，在 10 个维度下，整体量表的各个题项标准化因子载荷均在 0.7 以上，大于 0.5 的判别标准，这表明每个测量题项都可以较好地解释观测变量。每个观测变量的组合信度均大于 0.8，大于 0.7 的判别标准，表明每个维度下的观测题项都能很好地解释这个维度。平均方差提取量（AVE 值）反映了每个维度的收敛效度，AVE 值越大，说明相对测量误差就越小。由表 5-11 可以看出，各个观测变量的 AVE 值均高于 0.5 的标准值，表明本书的整体量表具有良好的收敛效度。

其次，本书对自变量数字创新能力的二阶模型收敛效度进行检验，采用同样的方法。自变量的二阶收敛效度结果如表 5-12 所示。数字创新能力各个维度的因子载荷值均在 0.7 以上，大于 0.5 的判别标准，这表明四个子维度都可以较好地解释数字创新能力。DIC 的组合信度 CR 值均大于 0.8 的标准；AVE 值均大于 0.5 的判别标准，显著性小于 0.001，说明数字创新能力的二阶量表收敛情况较好。

表 5-12　自变量的二阶收敛效度结果

变量	题项	标准化因子载荷	S. E.	C. R.	P	CR	AVE
DIC	DICa	0.796				0.896	0.683
	DICb	0.835	0.071	11.692	***		
	DICc	0.808	0.082	11.983	***		
	DICd	0.865	0.092	12.889	***		

注：*** 表示 P<0.001。

最后，对因变量商业模式创新的二阶模型进行收敛效度检验，采用同样的方法。因变量的二阶收敛效度结果如表 5-13 所示。商业模式创新各个维度的因子载荷值均在 0.7 以上，大于 0.5 的判别标准，这表明三个子维度都可以较好地解释商业模式创新这个观测变量。组合信度达到标准，AVE 值均大于 0.5 的判别标准，显著性小于 0.001，说明商业模式创新的二阶量表收敛情况较好。

表 5-13　因变量的二阶收敛效度结果

变量	题项	标准化因子载荷	S. E.	C. R.	P	CR	AVE
BMI	BMI1	0.704				0.792	0.560
	BMI2	0.749	0.108	8.782	***		
	BMI3	0.790	0.116	8.966	***		

注：*** 表示 P<0.001。

5.1.5.4　区别效度检验

对于问卷量表的效度，还需要判断不同维度（构念）的测量题项之间的区别。因此，本书采用 AVE 方法进行评估。当每个变量相关系数小于其根号下的 AVE 值时，即可判定该量表不同维度的测量题项有较大的区别，具有良好的区别效度。从表 5-14 可以看出，AVE 的平方根大于每个变量的相关系数，每个维度的 AVE 都大于 0.5，说明该量表具有良好的区别效度。

表 5-14　整体量表的区分效度

变量	DICa	DICb	DICd	DICd	SF	VCC	BMIa	BMIb	BMIc	DS
DICa	**0.761**									
DICb	0.544**	**0.734**								
DICc	0.484**	0.492**	**0.790**							
DICd	0.511**	0.528**	0.546**	**0.799**						
SF	0.287**	0.236**	0.211**	0.163**	**0.785**					
VCC	0.345**	0.260**	0.129**	0.121*	0.486**	**0.789**				
BMIa	0.287**	0.310**	0.178**	0.161**	0.313**	0.362**	**0.801**			
BMIb	0.186**	0.265**	0.051	0.059	0.283**	0.425**	0.457**	**0.790**		
BMId	0.342**	0.408**	0.175**	0.155**	0.340**	0.477**	0.487**	0.517**	**0.791**	
DS	0.370**	0.279**	0.183**	0.197**	0.400**	0.470**	0.430**	0.403**	0.360**	**0.791**

注：＊表示 $P<0.05$，＊＊表示 $P<0.01$，标粗字体为 AVE 的算术平方根。

5.1.6　相关性分析

相关性分析虽然对于因果关系的解释存在一定的局限性，但是能初步解释变量之间的相关程度和作用方向，可用于初步判断研究的假设是否合理。因此，本书使用 SPSS22.0 采用 Pearson 相关分析法对 5 个关键变量的关系进行相关性分析，结果如表 5-15 所示。

表 5-15　变量相关性分析结果

变量	DS	SF	DIC	VCC	BMI
DS	1				
SF	0.373**	1			
DIC	0.416**	0.313**	1		
VCC	0.474**	0.489**	0.383**	1	
BMI	0.491**	0.391**	0.652**	0.524**	1.000
均值	3.617	3.162	3.441	3.433	3.671
标准差	0.823	0.977	0.757	0.916	0.605

注：**表示 P<0.01。

结果显示，DS、SF、DIC、VCC 与 BMI 的任意两个变量的相关系数皆在 1%
的水平上显著且系数为正，说明 DS、SF、DIC、VCC 与 BMI 均呈显著的正相关
关系。因此，初步判断本书的研究假设是合理的，可以进行下一步的检验。

5.2　假设检验

5.2.1　数字创新能力对商业模式创新的直接作用检验

为了考量数字创新能力体系中各个子能力对商业模式创新的影响，在这个部
分，将数字创新能力的四个子能力维度作为观测变量，构建如图 5-5 所示的结构
方程模型，检验数字创新能力对商业模式创新的直接影响。将数据代入模型后，
拟合结果如表 5-16 所示。

表 5-16　DIC-BMI 模型拟合结果

统计检验量	统计值	适配标准或临界值
χ^2/df	1.121	1<NC<3
GFI	0.926	>0.8
AGFI	0.914	>0.8
IFI	0.993	>0.9

续表

统计检验量	统计值	适配标准或临界值
CFI	0.993	>0.9
TLI	0.992	>0.9
NFI	0.936	>0.9
RMSEA	0.017	<0.08

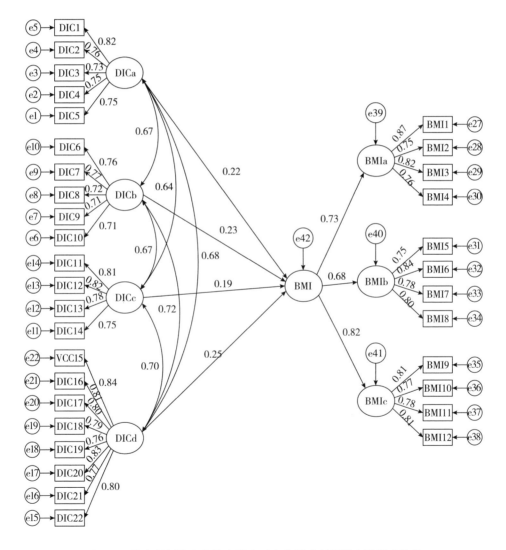

图 5-5　数字创新能力各能力维度对商业模式创新的直接影响路径

由表 5-16 可知，各个模型拟合指标均达到了标准，说明模型拟合度良好。因此，本书进一步通过结构方程模型的路径系数来判断变量之间因果关系和影响程度，该模型的标准化回归系数与方差参数估计结果如表 5-17 所示。

表 5-17 DIC-BMI 路径系数结果

路径	标准化路径系数	S. E.	C. R.	P
BMI ←——DICa	0.219	0.046	2.857	0.004 **
BMI ←——DICb	0.235	0.064	2.779	0.005 **
BMI ←——DICc	0.192	0.048	2.467	0.014 *
BMI ←——DICd	0.253	0.045	3.056	0.002 **

注：* 表示 P<0.05，** 表示 P<0.01。

结果显示，各条路径 C. R. 值均大于 2，符合大于 1.96 的判别标准。由 P 值可知，各条路径在 0.05 的显著水平下显著。其中，DICa 与 BMI 的标准化路径系数为 0.219，C. R. 值为 2.857，对应的显著性 P<0.01，因此，DICa 对 BMI 具有显著的正向影响，故 H1a 成立。DICb 与 BMI 的路径系数为 0.235，C. R. 值为 2.779，对应的显著性 P<0.01，因此，DICb 对 BMI 具有显著的正向影响，故 H1b 成立。DICc 与 BMI 的路径系数为 0.192，C. R. 值为 2.467，对应的显著性 P<0.05，因此，DICc 对 BMI 具有显著的正向影响，故 H1c 成立。DICd 与 BMI 的路径系数为 0.253，C. R. 值为 3.056，对应的显著性 P<0.01，因此，DICd 对 BMI 具有显著的正向影响，故 H1d 设成立。由结果可知，数字创新能力的四个子能力的四个子维度均对商业模式创新有显著正向影响。其中，创新系统协同效应（DICd）对商业模式创新的影响程度最大，数字技术融合能力（DICb）的影响次之。

5.2.2 价值共创的中介作用检验

明确了数字创新能力对商业模式创新的直接影响效应后，本小节将构建以价值共创为中介的结构方程模型，探讨数字创新能力对商业模式创新的间接影响机制。根据研究框架，构建以价值共创为中介变量的结构方程模型并进行检验，具体如图 5-6 所示。将数据代入模型后，拟合结果如表 5-18 所示，各模型拟合指标均达到了适配标准或临界值。因此，本书进一步通过结构方程模型的路径系数来判断变量间的因果关系是否成立以及因果关系的强弱。

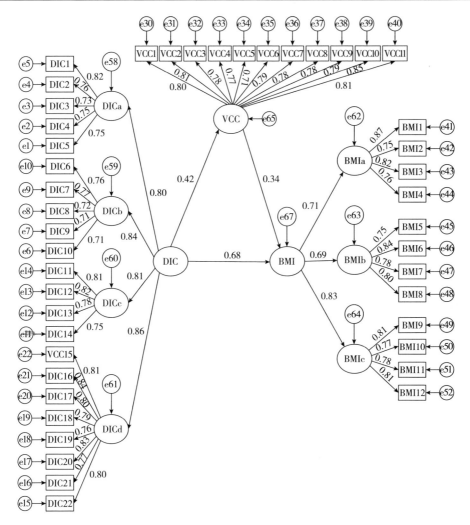

图 5-6　VCC 中介模型

表 5-18　VCC 中介的 SEM 模型拟合结果

统计检验量	统计值	适配标准或临界值
χ^2/df	1.141	1<NC<3
GFI	0.900	>0.8
AGFI	0.890	>0.8
IFI	0.989	>0.9
CFI	0.989	>0.9
TLI	0.988	>0.9
NFI	0.917	>0.9
RMSEA	0.019	<0.08

由表 5-19 可以看出，该中介模型中各条路径 C. R. 值均大于 6，符合大于 1.96 的判别标准。由 P 值可知，各条路径在 0.001 的显著水平下显著。其中，DIC 与 VCC 的标准化路径系数为 0.421，C. R. 值为 7.330，对应的显著性小于 0.001，因此，DIC 对 VCC 具有显著正向直接影响，故 H2 成立。VCC 与 BMI 的路径系数为 0.338，C. R. 值为 6.613，对应的显著性小于 0.001，因此，VCC 对 BMI 具有显著的正向影响，故 H3 成立。该模型中，DIC 与 BMI 的路径系数为 0.683，C. R. 值为 9.418，对应的显著性小于 0.001。综上，DIC 正向显著促进 BMI，故 H1 成立。

表 5-19   DIC-VCC-BMI 模型路径系数

路径	标准化路径系数	S. E.	C. R.	P
VCC ←——DIC	0.421	0.070	7.330	***
BMI ←——VCC	0.338	0.031	6.613	***
BMI ←——DIC	0.683	0.053	9.418	***

注：*** 表示 P<0.001。

因此，在路径系数显著的前提下，进一步在 AMOS 23.0 软件中使用 Bootstrap 法，设置重复 5000 次，置信区间标准为 95%，通过偏差校正法检验价值共创的中介效应，结果如表 5-20 所示。在以价值共创为中介变量的检验中，总效应值为 0.826，直接效应值为 0.683，间接效应值为 0.142，且所在置信区间所处位置不包含 0。因此，价值共创在数字创新能力和商业模式创新间起到部分中介作用，说明 H4 成立。

表 5-20   VCC 的中介效应检验结果

变量	点估计	Bootstrapping		
		下限	上限	P
DIC-BMI（总效应）	0.826	0.754	0.888	***
DIC-BMI（直接效应）	0.683	0.597	0.764	***
DIC-VCC-BMI（间接效应）	0.142	0.098	0.190	***

注：*** 表示 P<0.001。

5.2.3 差异化战略的中介作用检验

本小节将以差异化战略为中介变量，探讨数字创新能力对商业模式创新的间接影响路径。根据研究框架，构建以差异化战略为中介的结构方程模型并进行检验，模型如图 5-7 所示。将数据代入模型后，拟合结果如表 5-21 所示。由表中结果可知，各个模型拟合指标均达到了标准，说明模型拟合度良好。因此，本书进一步通过结构方程模型的标准化回归系数与显著性来判断变量之间的因果关系和关系强弱。

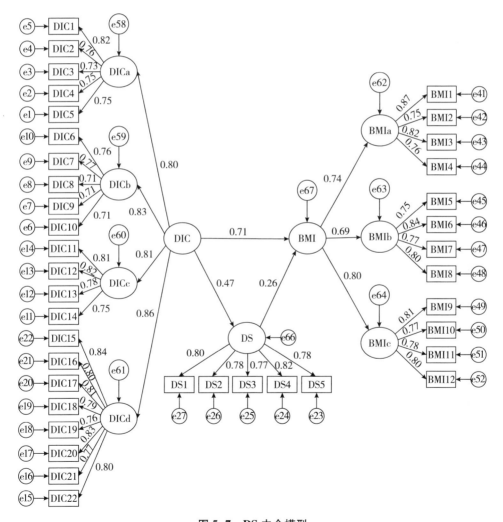

图 5-7 DS 中介模型

表 5-21　DS 中介的 SEM 模型拟合结果

统计检验量	统计值	适配标准或临界值
χ^2/df	1.146	1<NC<3
GFI	0.912	>0.8
AGFI	0.901	>0.8
IFI	0.990	>0.9
CFI	0.990	>0.9
TLI	0.989	>0.9
RMSEA	0.019	<0.08

由表 5-22 可知，该中介模型中，各条路径 C.R. 值均大于 4，符合大于 1.96 的判别标准。由 P 值可知，各条路径在 0.001 的显著水平下显著。其中，DIC 与 DS 的标准化路径系数为 0.468，C.R. 值为 7.870，对应的显著性小于 0.001，因此，DIC 对 DS 具有显著正向直接影响，故 H5 成立。DS 与 BMI 的路径系数为 0.263，C.R. 值为 4.918，对应的显著性 P<0.001，因此，DS 对 BMI 具有显著的正向影响，故 H6 成立。该模型中，DIC 与 BMI 的路径系数为 0.706，C.R. 值为 9.475，对应的显著性 P<0.001，因此，该模型中 DIC 对 BMI 也具有显著的正向影响，故 H1 成立。

表 5-22　DIC-DS-BMI 路径系数

路径	标准化系数	S.E.	C.R.	P
DS ←——DIC	0.468	0.060	7.870	＊＊＊
BMI ←——DS	0.263	0.040	4.918	＊＊＊
BMI ←——DIC	0.706	0.057	9.475	＊＊＊

注：＊＊＊表示 P<0.001。

在路径系数显著的前提下，本书进一步探究显著的路径里是否具有中介效应。本书在 AMOS23.0 软件中运行 Bootstrap 法，选择重复 5000 次，置信区间标准为 95%，通过偏差校正法进行检验，结果如表 5-23 所示。

表 5-23　DS 的中介效应检验结果

变量	点估计	Bootstrapping		
		下限	上限	P
DIC-DS（总效应）	0.829	0.758	0.891	***
DIC-BMI（直接效应）	0.706	0.611	0.794	***
DIC-DS-BMI（间接效应）	0.123	0.071	0.179	***

注：*** 表示 P<0.001。

结果显示，总效应值为 0.829，直接效应值为 0.706，间接效应值为 0.123，且路径所在的置信区间位置均不包含 0，证明差异化战略在 DIC 与 BMI 之间存在部分中介效应，因此 H7 成立。

5.2.4　整体结构方程模型与假设检验

为了验证本书整体概念模型与研究假设，从整体上验证本书各个关键变量之间的关系，构建包含 DIC、VCC、DS 和 BMI 的双重中介二阶结构方程模型。其中，DIC 包含 4 个子维度，BMI 包含 3 个子维度，全模型如图 5-8 所示。将数据代入模型后，全模型拟合结果如表 5-24 所示。由表中结果可知，各个模型拟合指标均达到了标准，说明模型拟合度良好，可进一步通过结构方程模型的标准化回归系数与显著性来判断变量之间的因果关系和关系强弱。

表 5-24　全模型拟合结果

统计检验量	统计值	适配标准或临界值
χ^2/df	1.206	1<NC<3
GFI	0.885	>0.8
AGFI	0.874	>0.8
IFI	0.982	>0.9
NFI	0.902	>0.9
CFI	0.982	>0.9
TLI	0.981	>0.9
RMSEA	0.022	<0.08

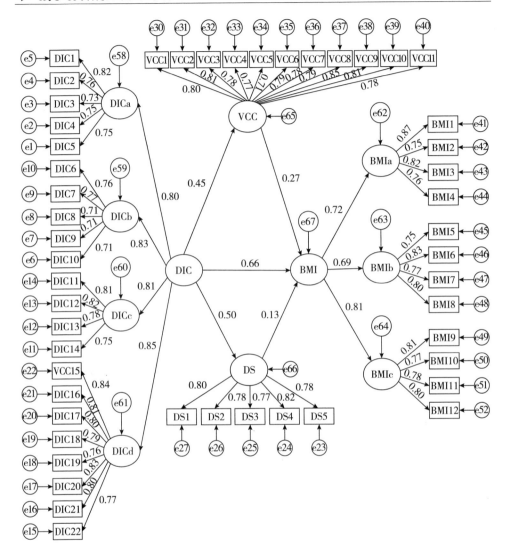

图 5-8 全模型

由表 5-25 可知,该模型中,各条路径 C. R. 值均大于 2 (符合>1.96 的判别标准)。由 P 值可知,各条路径在 0.001 的显著水平下显著。其中,DIC 与 BMI 的标准化路径系数为 0.659,C. R. 值为 8.639,对应的显著性 P<0.001,因此,DIC 对 BMI 具有显著正向影响,故 H1 成立。DIC 与 VCC 的标准化路径系数为 0.450,C. R. 值为 7.802,对应的显著性 P<0.001,因此,DIC 对 VCC 具有显著正向影响,故 H2 成立。VCC 与 BMI 的标准化路径系数为 0.273,C. R. 值为

5.500，对应的显著性 P<0.001，因此，VCC 对 BMI 具有显著正向影响，故 H3
成立。DIC 与 DS 的路径系数为 0.495，C. R. 值为 8.295，对应的显著性 P<
0.001，因此，DIC 对 DS 具有显著正向影响，故 H5 成立。DS 对 BMI 的路径系
数为 0.132，C. R. 值为 2.625，对应的显著性 P<0.01，因此，DS 对 BMI 具有显
著正向影响，故 H6 成立。

表 5-25　全模型路径系数

路径	标准化系数	非标准化系数	S. E.	C. R.	P
BMI ←—DIC	0.659	0.532	0.056	8.639	***
VCC ←—DIC	0.450	0.602	0.070	7.802	***
BMI ←—VCC	0.273	0.030	0.030	5.500	***
DS ←—DIC	0.495	0.555	0.060	8.295	***
BMI ←—DS	0.132	0.095	0.036	2.625	0.009 **

注：** 表示 P<0.01，*** 表示 P<0.001。

由表 5-25 可知，"数字创新能力—商业模式创新""数字创新能力—价值共
创""数字创新能力—差异化战略""价值共创—商业模式创新""差异化战略—
商业模式创新"的路径系数均在 1% 的水平上显著。即 H1、H2、H3、H5、H6
成立。因此，在路径系数显著的前提下，本书进一步探究在整体模型中 VCC 和
DS 是否具有中介效应。本书在 AMOS23.0 软件中运行 Bootstrap 法，选择重复
5000 次，置信区间标准为 95%，通过偏差校正法进行检验，结果如表 5-26
所示。

表 5-26　全模型中介效应检验

变量	点估计	Bootstrapping		
		下限	上限	P
DIC-VCC-BMI（中介效应）	0.123	0.074	0.173	***
DIC-DS-BMI（中介效应）	0.065	0.011	0.122	0.018 *
DIC-BMI（直接效应）	0.659	0.567	0.748	***
DIC-BMI（总效应）	0.847	0.779	0.907	***

注：* 表示 P<0.05，*** 表示 P<0.001。

由表 5-26 可知，该模型中直接效应值为 0.659，总效应值为 0.847。在以价值共创为中介变量的路径中，中介效应值为 0.123，且所在置信区间位置不包含 0，P 值小于 0.001。因此，验证了价值共创在该模型中存在部分中介作用，再次说明 H4 成立。在以差异化战略为中介变量的路径中，中介效应值为 0.065，所在置信区间位置不包含 0，P 值为 0.018，小于 0.05 的显著水平，说明差异化战略在数字创新能力和商业模式创新间起到部分中介作用，因此 H7 成立。其中，价值共创战略的中介效应更强。

5.2.5 战略柔性的调节作用检验

为了进一步检验本书的研究 H8 和 H9，使用 SPSS22.0 软件采用多元层次回归法对战略柔性（SF）的调节效应进行检验。为了防止自变量和调节变量之间的交互项产生共线性的问题，需要对自变量和调节变量进行中心化处理。本书建立了三个多元回归模型。第一个模型引入控制变量以防止假回归的发生，控制自变量、调节变量和交互项；第二个模型增加了控制变量、自变量和调整变量，并通过调整后的 R^2 值来确定模型的解释力度，以确定自变量和调节变量对因变量的影响；第三个模型包括控制变量、自变量、调节变量和交互项。如果交互项的回归系数显著，且模型 2 到模型 3 的调整后 R^2 显著增加，则表明调节变量的调节作用显著。

5.2.5.1 战略柔性在价值共创对商业模式创新影响中的调节作用检验

本书构建三个模型，其中，因变量都为 BMI。模型 1 引入基本信息所属行业（INDUS）、企业规模（SIZE）、企业性质（TYPE）和成立年限（YEAR）；模型 2 引入自变量（VCC）和调节变量（SF）；模型 3 引入交互项（VCC×SF）。结果如表 5-27 所示。

表 5-27　SF 在 VCC 与 BMI 之间的调节作用

变量		模型 1	模型 2		模型 3	
		β	β	P	β	P
控制变量	INDUS	−0.081	−0.048	0.258	−0.038	0.366
	SIZE	−0.039	0.011	0.808	0.015	0.744
	TYPE	0.013	−0.007	0.885	0.001	0.987
	YEAR	−0.031	−0.064	0.195	−0.057	0.237

续表

变量		模型 1	模型 2		模型 3	
		β	β	P	β	P
自变量	VCC		0.433	***	0.513	***
调节变量	SF		0.179	***	0.152	***
交互项	VCC×SF				0.197	***
R^2		0.012	0.304		0.338	***
调整后的 R^2		0.003	0.294		0.326	
F		1.278	29.588		29.513	

注：＊＊＊表示 P<0.001。

模型 1 显示了控制变量对 BMI 的影响；模型 2 显示了自变量 VCC 对 BMI
有显著的正向影响（β=0.433，P<0.001）；模型 3 中交互项 VCC×SF 对 BMI
有显著正向影响（β=0.197，P<0.001）。并且，模型 2 的调整后的 R^2 为
0.294，模型 3 的调整后 R^2 为 0.326，调整后的 R^2 显著提高，表明加入交互项
后模型的解释力提高。因此，验证了调节变量 SF 在 VCC 对 BMI 的影响中具有
显著的调节作用，故 H8 成立。由图 5-9 可知，低 SF 直线斜率小于高 SF 直线
斜率，即随着 SF 提升，SF 对 VCC 的影响也在增强，说明 SF 在 VCC 与 BMI 之
间存在正向调节作用。

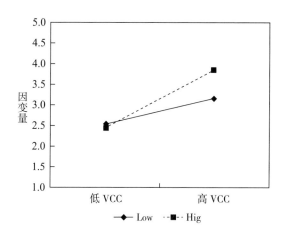

图 5-9　VCC×SF 调节效应

5.2.5.2 战略柔性在差异化战略对商业模式创新影响中的调节作用检验

同样地，本书构建三个模型，其中，因变量都为 BMI。模型 1 引入基本信息所属行业（INDUS）、企业规模（SIZE）、企业性质（TYPE）和成立年限（YEAR）；模型 2 在模型 1 的基础上引入自变量（DS）和调节变量（SF）；模型 3 在模型 2 的基础上引入交互项（DS×SF）。

由表 5-28 可知，模型 1 显示了控制变量对 BMI 的影响；模型 2 显示了自变量 DS 对 BMI 有显著的正向影响（$\beta=0.399$，$P<0.001$）；模型 3 中交互项 DS×SF 对 BMI 有显著正向影响（$\beta=0.131$，$P<0.001$）。并且，模型 2 的调整后 R^2 为 0.288，模型 3 的调整后 R^2 为 0.301，调整后 R^2 显著提高，表明加入交互项后模型的解释力提高。因此，验证了调节变量 SF 在 DS 对 BMI 的影响中具有显著的调节作用，故 H9 成立。由图 5-10 可知，低 SF 直线斜率小于高 SF 直线斜率，说明随着 SF 提升，SF 对 DS 的影响也在提升，即 SF 在 DS 与 BMI 之间有着正向调节作用。

表 5-28　SF 在 DS 与 BMI 之间的调节作用

变量		模型 1	模型 2		模型 3	
		β	β	P	β	P
控制变量	INDUS	−0.081	−0.082	0.052	−0.081	0.053
	SIZE	−0.039	0.003	0.957	−0.001	0.982
	TYPE	0.013	0.009	0.853	0.010	0.829
	YEAR	−0.031	0.017	0.735	0.016	0.749
自变量	DS		0.399	***	0.446	***
调节变量	SF		0.244	***	0.228	***
交互项	DS×SF				0.131	***
R^2		0.012	0.298		0.313	
调整后的 R^2		0.003	0.288		0.301	
F		1.278	28.721		26.400***	

注：*** 表示 $P<0.001$。

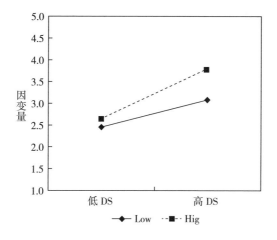

图 5-10　DS×SF 调节效应

5.3　本章小结

本章在实证检验前，首先，对样本数据的信度、效度以及相关性等进行了检测，并对本书的假设模型进行了模型拟合的检验。其次，进一步使用 AMOS 23.0 软件分别构建了数字创新能力对商业模式创新直接影响的结构方程模型、数字创新能力通过价值共创影响商业模式创新的中介模型、数字创新能力通过差异化战略影响商业模式创新的中介模型以及整体概念模型，对研究框架中的各变量关系进行路径分析，验证了本书的 13 个假设（9 个主假设和 4 个子假设）。最后，采用 SPSS 22.0 对战略柔性的调节效果进行检验。最终实证本书的 13 条假设均成立，假设检验结果如表 5-29 所示。

表 5-29　假设检验结果

序号	假设内容	假设结论
H1	DIC ——→BMI	正向影响
H1a	DICa ——→BMI	正向影响
H1b	DICb ——→BMI	正向影响
H1c	DICc ——→BMI	正向影响

续表

序号	假设内容	假设结论
H1d	DICd ——→BMI	正向影响
H2	DIC ——→VCC	正向影响
H3	VCC ——→BMI	正向影响
H4	DIC ——→VCC ——→BMI	正向影响
H5	DIC ——→DS	正向影响
H6	DS ——→BMI	正向影响
H7	DIC ——→DS ——→BMI	正向影响
H8	DF 在 VCC 与 BMI 中起调节作用	正向影响
H9	DF 在 DS 与 BMI 中起调节作用	正向影响

第6章 商业模式创新前因组态分析

前文验证了数字创新能力驱动商业模式创新的实现机制。然而，管理现象具有并发性（Conjunction）、等效性（Equifinality）、非对称性（Asymmetry）、涌现性（Emergence）和演化性（Evolution）。管理要素往往相互依赖，并作为条件组合在一起，从而产生因果复杂性和复杂系统问题（Fiss，2007；杜运周和贾良定，2017；Furnari 等，2021）。基于传统的线性回归统计方法分析变量的"净效应"或中介效应缺乏对变量间非对称关系的考虑，忽视了影响商业模式创新的多重并发因素和多种路径（李文等，2022）。而商业模式创新是一个组织内外各层面资源和能力相互依赖、互相作用的过程，这种高度复杂的整体效应还需要考虑多因素并发的非线性关系对其的影响，考虑整体联动效应（吴晓波和赵子溢，2017；李文等，2022）。

鉴于此，为了进一步挖掘数字创新能力（DIC）、差异化战略（DS）、价值共创（VCC）、战略柔性（SF）与商业模式创新（BMI）各要素之间的复杂关系，本书从组态视角出发，探讨 4 种前因条件组合对制造企业商业模式创新的影响机制。基于第 2 章的文献梳理，本书发现，商业模式创新相关研究存在一个缺口。已有大量研究考虑了各类前置影响因素与商业模式创新之间的直接或间接因果关系，为本书研究奠定了坚实的基础。在商业模式创新的组态研究方面，已有基于资源与能力视角的组态研究（李文等，2022），也有基于资源与战略视角展开的商业模式创新组态研究（王炳成等，2022），或各类数字创新属性对商业模式创新的组态影响的研究（Cheng 和 Wang，2022）。虽然已有研究都认为，企业能力、战略与商业模式创新密不可分（David，2018），但鲜少考虑能力和战略组合对数字背景下商业模式创新的组态影响。尤其很少有研究基于创新生态系统下的参与者关系特征与所需的关键能力，探讨 DS、VCC、DIC、SF 对 BMI 的联动作用。基于此，本章从组态角度深入探讨了能力与战略的组合路径对商业模式创新的影响，阐明数字创新能力、战略柔性、差异化战略、价值共创与商业模式创新之间复杂的因果关系。

6.1　理论模型构建

基于第 2 章的文献梳理与第 4 章的研究假设发现，商业模式创新活动的众多前置影响因素间存在一定相互影响的关系，共同作用于商业模式创新。

首先，数字创新能力、战略柔性、价值共创以及差异化战略构成的前因条件紧密联系、相互协同。具体而言，存在以下可能的关联与互动：①DIC 与 VCC 存在紧密联系。高水平的数字创新能力能够促进企业与其他组织的价值共创。数字技术的模块性和交互性使企业能更有效率地满足用户需求（张超等，2021），更容易与用户产生价值共创。处于生态系统中的企业能够发挥一种协同创新力（包宇航和于丽英，2017），数字创新能力中的创新系统协同能力能够促进组织间的价值共创。②DIC 与 DS 紧密联系。数字创新能力也有利于企业发展和落实差异化战略，并与差异化战略实现协同，从而共同作用于商业模式创新。例如，人工智能的个性化定制能够更好地满足客户的个性化服务需求（Robinson 等，2020），在改善价值供给的效率时，使企业更好地提供差异化的服务（Goldfarb 和 Tucker，2019），通过重新设计、提供定制化服务来提供卓越的内在价值（Ameer 和 Othman，2021），实现商业模式创新。③DIC 与 SF 互相联结，可以共同作用于商业模式创新。战略柔性本身就是企业识别环境变化的能力，而数字创新能力中的创新需求捕捉能力能够帮助企业提高对外部环境的敏感性，促进企业发展前瞻型战略柔性能力。进一步地，前瞻型战略柔性能够使企业快速发现新市场与新的客户需求（Matalamäki 和 Joensuu-Salo，2021），企业可以通过满足这种需求实现商业模式创新。④SF 与 VCC、DS 两种战略紧密连接，可以共同作用于商业模式创新。例如，战略柔性能力能够帮助企业加强自身战略与市场需求的匹配度，更好地实现新产品的开发（Kandemir 和 Acur，2022）。一方面，战略柔性能力帮助企业以最小的资源代价满足多样性服务需求（Bock 等，2012），并帮助组织进一步调整产品提供和市场营销的组合（Kafetzopoulos 等，2022），从而更快速地满足用户特定化的需求，正向促进差异化战略的落实，更高效地实现商业模式创新。另一方面，战略柔性能力可以使企业更好地落实价值共创战略。当企业的协调柔性能力较高时，能够更好地配置内外部资源，降低成本和精力的耗费，更高效地执行战略（Chan 等，2017），这种高效配置资源的能力有助于企业更好地与用户和组织实现价值共创，并且战略柔性的发挥有利于促进产品创新（Yuan 等，2010）。⑤VCC 与 DS 两种战略也相互连接，构成一种创新生态系统中的竞合策略，共同作用于商业模式创新。例如，采用差异化战略的企业基本是通过产品质量、捆绑服务和卓越的客户服务来提供卓越的内在价值的（Ameer 和 Othman，2021），通过重新设计、提供定制化服务满足客户独特的需求。在落实差异化战略的过程中，企业面对客户需求必然与客户产生频繁互动，而通过与参与主体的频繁互动，能够实现企业与顾客之间的价值共创（简兆权和肖霄，2015）。最终企业可以通过这种与客户共同创造独特的产品、服务的方式来改进、创新商业模式。

其次，单一前因条件对商业模式创新产生的影响可能存在差异。例如，虽然数字创新能力有利于企业实现商业模式创新，为组织创新提供支持，但有学者发现，企业在实现数字化转型过程中，如果选择的竞争战略与数字能力不匹配，则可能阻碍数字化能力对企业创新的促进作用（武常岐等，2022）。

最后，单一前因条件可能很难构成提高商业模式创新的充分条件。复杂动态的商业模式创新需要企业的多种动态能力的发挥和多因素的共同作用（Weerawardena 等，2021）。制造企业利用数字机会实现转型或创新发展，无法依靠单项能力或单项资源的单独作用，必须将企业的资源和能力组合起来（周文辉和阙琴，2022）。在数字商业模式创新的过程中，技术本身并不创造价值，应该更多地从价值创造和价值捕获的角度来考虑，即数字技术是如何与其他企业资源、能力相结合来促进商业模式创新实现的（Trischler 等，2022）。由此可见，综合考虑多个前因条件之间的联动关系和组态效应对商业模式创新的影响，具有重要的研究价值。基于此，本书构建了"能力+战略"四个要素联动的制造企业商业模式创新实现路径的理论模型，具体如图 6-1 所示。

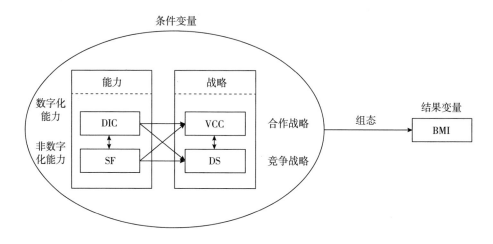

图 6-1　制造企业商业模式创新的组态驱动机制模型

6.2　研究设计

6.2.1　研究方法

传统的统计方法不能有效地解释因果复杂性，无法从变化多样的组态中找到循环模式。传统的回归分析旨在分析独立的自变量对因变量的"净效应"。但在实际管理实践中，各变量通常相互依存、相互作用（杜运周和贾良定，2017）。模糊集定性比较分析方法（fsQCA）从整体出发，基于组态的视角和集合论，把案例视为条件的组合，为分析因果复杂性问题提供了新的视角和工具。由于在解释因果复杂性以及整合定量与定性分析方面具有优势，基于集合论的 QCA 正在成为一种新范式，逐渐被应用于管理学各领域以及交叉学科的复杂性分析中，包括战略管理（Greckhamer 等，2018；张明和杜运周，2019）、创业创新（Juntunen 等，2018；简兆权等，2020；梁玲玲等，2022）等领域。fsQCA 是研究数字创新领域构形效应的一种新方法（Cheng 和 Wang，2022）。

定性比较分析（QCA）方法是一种从组态视角出发，基于布尔代数的集合论，集合了定性和定量分析优势的研究方法。通过 QCA 这种方法，能够弥补传统线性回归解决不了的复杂因果关系缺陷，探讨多种因素的不同组合可能产生的相同或不同的路径（Ragin，2008），有助于本书探讨多因素组合下商业模式创新的实现路径。

QCA 方法主要分为清晰集（csQCA）和模糊集（fsQCA），但是由于 csQCA 只能处理二分类变量（0 或者 1），不适用于本书。而 fsQCA 能够处理不同程度的变量，通过校准将变量转化为 0~1 的隶属度分数。本书可使用 fsQCA 方法对 1~5 分的变量评估数值进行校准，判断其隶属程度。因此，本章选取 fsQCA 的方法，使用 fsQCA 3.0 软件进行组态检验。

6.2.2 样本选择与数据来源

为了实现对第 5 章变量间因果关系的二次验证，并进一步完善创新生态系统下商业模式创新实现机制的研究，本书重新收集数据样本。本书依托于四川省装备制造业产教联盟的成员企业单位，邀请其转发问卷给上下游合作伙伴企业，由合作企业继续以"滚雪球"的方式转发给其他制造企业合作伙伴。此方式可确保被调研企业至少两两处于同一个创新生态系统中，具备创新生态系统中企业的关系特征。2022 年 9~11 月，历时 2 个月，最终筛选回收有效问卷 355 份。其中，样本企业所属行业仍按照国家统计局《高技术产业（制造业）分类（2017）》的分类标准，将医药制造，航空、航天器及设备制造等 6 大类行业归为高技术制造业，其余类别归为非高技术制造业，样本特征如表 6-1 所示。问卷设计与收集筛选过程与子研究二相同，此处不再赘述。

表 6-1 样本特征（N=355）

类型	类别	数量（份）	占比（%）
所属行业	高技术制造业	186	52.40
	非高技术制造业	169	47.60
企业性质	国有	172	48.45
	非国有	183	51.55
企业规模	50 人以下	9	2.53
	50~100 人	17	4.79
	101~500 人	128	36.06
	501~1000 人	145	40.85
	1001 人及以上	56	15.77

续表

类型	类别	数量（份）	占比（%）
成立年限	0~5 年	7	1.97
	6~15 年	189	53.24
	15 年以上	159	44.79

通常来说，由于 QCA 方法最初是针对中小样本的研究情境开发的，因此 QCA 方法在处理小样本数据方面具有优势。假设模型中的条件数量有 N 个因素，则相应的样本量达到 2^{N-1} 即可。然而，随着该方法的广泛应用，其也被诸多学者证明可扩展至大样本量的研究中，甚至可以处理数千个案例。因此，QCA 方法对于样本量的多少并没有太多的要求限制。有学者建议，小样本量的研究应根据理论抽样原则，根据案例的特点选择样本以确保案例之间的异质性（Ragin，2008）；而大样本量的研究则可以通过随机抽样或目的抽样方法收集案例数据（Greckhamer 和 Mossholder，2011）。综上所述，本书的数据收集方式及样本量完全符合 QCA 方法的要求。

同样地，进行组态分析前需要对收集的样本数据进行信效度检验。同样，采用与第 5 章一样的方法，使用 SPSS22.0 软件测量各变量的 Cronbach's α 系数、KMO 值等，利用 AMOS23.0 软件检测标准化因子载荷以及各变量的 CR 值和 AVE 值。由表 6-2 可知，各变量的 Cronbach's α 系数均大于 0.8，表明有良好的信度；CR 值均大于 0.8 的判别标准，表明有良好的组合信度；AVE 值符合大于 0.5 的标准，因此判断具有良好的效度，可以进行进一步分析。

表 6-2　信效度检验（N=355）

变量	Cronbach's α 系数	KMO	CR	AVE
DIC	0.942	0.892	0.965	0.714
VCC	0.931	0.904	0.975	0.782
DS	0.865	0.931	0.909	0.670
SF	0.906	0.941	0.954	0.747
BMI	0.915	0.933	0.967	0.662

6.3　变量校准

使用 fsQCA 方法时应先对变量进行校准，通过对前因条件及结果变量的校准评分反映其在集合中的隶属程度。变量校准通常采用直接校准法或间接校准法。直接校准法中，学者通常直接将 Likert 7 点量表中的 1 分、4 分、7 分对应"完全不隶属""交叉点""完全隶属"（池毛毛等，2020）。本书借鉴此方法将数据转化为隶属分数，设置 0.95、0.5 及 0.05 三个隶属区间的阈值，其中，0.5 是用于评估一个案例属于一个集合的最大极限点，是完全隶属与完全不隶属之间的中点（Ragin 等，2008）。各变量校准如表 6-3 所示，以商业模式创新为例，高于 57 分表示该案例完全实现了商业模式创新，低于 19 分表示完全没有实现商业模式创新，37 分表示该案例介于两者之间。

表 6-3　各变量校准

类型	变量	完全隶属	交叉点	完全不隶属
前因条件	数字创新能力	101	68	36
	战略柔性	35	24	9
	价值共创	54	35	14
	差异化战略	24	16	6
	商业模式创新	57	37	19

6.4　研究结果与分析

6.4.1　必要条件分析

基于变量校准，将校准结果视为集合，本书进一步利用 fsQCA3.0 软件，通过计算集合间的子集关系得到各个前因条件的一致性和覆盖率，并以此确定各条件是不是商业模式创新的必要条件。单因素为结果发生的必要条件即表明结果发生时一定存在某个特定条件。一致性和覆盖度是必要条件检测的两个重要指标，以此来评估集合子集关系的强弱。当某一条件的一致性水平大于0.9，且具有足够的覆盖度时，则认为该条件是结果变量的必要条件。因此，本书通过fsQCA3.0软件探究DIC、SF、VCC、DS是不是制造企业实现BMI的必要条件。由表6-4可以看出，没有前因条件的必要一致性大于0.9，表明不存在高水平商业模式创新的必要条件。

表6-4　必要性分析

高商业模式创新			非高商业模式创新		
条件变量	一致性	覆盖度	条件变量	一致性	覆盖度
数字创新能力	0.727	0.745	数字创新能力	0.495	0.475
~数字创新能力	0.488	0.507	~数字创新能力	0.734	0.716
战略柔性	0.748	0.781	战略柔性	0.451	0.442
~战略柔性	0.466	0.475	~战略柔性	0.777	0.742
价值共创	0.742	0.758	价值共创	0.484	0.464
~价值共创	0.475	0.496	~价值共创	0.748	0.731
差异化战略	0.715	0.764	差异化战略	0.470	0.471
~差异化战略	0.506	0.505	~差异化战略	0.765	0.715

注：~表示非运算。

6.4.2　组态分析

在分析了必要条件后，本小节进行多因素组态路径分析。首先，本书为样本构建了一个真值表，以逻辑地表示所有可能的条件组合（Ragin，2008）。其次，设定案例频数阈值和一致性阈值进一步过滤真值表中的结果。组态分析中，案例频数阈值和一致性阈值都是重要参数，二者的选择与变化会在一定程度上影响最终组态结果。本书根据其他学者的建议，考虑研究的样本规模来设置案例频数阈值。通常案例频数的选择应保留总案例数的75%（Ragin，2008；张明和杜运周，2019），但稍大样本的研究应考虑至少保留80%的原始案例数（Fiss，2011）。因此，由于本书有较为充分的样本数量，基于此情况，将案例频数设置为1，即保留所有样本。而一致性阈值是前因条件组态与结果关联的可接受的最低值。大多数学者认为，一致性阈值的最低标准为0.8（Ragin，2008；Fiss，2011）。学界推荐的一致性的临界值为 0.75，0.70 也在可接受范围（张明和杜运周，2019）。本书设置一致性阈值为 0.8，设置 PRI 阈值为 0.75。通过以上阈值筛选过滤案例后得到了最终真值表。

进一步地，通过布尔算法，本书将真值表简化为包含要素组合的解。一般而言，输出的结果包括复杂解、简单解和中间解，这三种解在逻辑上是等效的。其中，中间解因其适度的复杂性和能很好地简化模型而被学者广泛选择和报告（Ragin，2008；张明和杜运周，2019）。最终组态的核心和边缘条件也可以通过简单解和中间解来确定。因此，本书也选择报告和分析中间解的结果。其中，核心条件是在简单解和中间解中都存在的条件，边缘条件是仅出现在中间解中的条件。对所得最终案例进行分析后，得到 3 个不同的组态结果（见表 6-5）。结果显示，组合 1、组合 2 和组合 3 的一致性分别为 0.890、0.887、0.888，且覆盖度均大于 0.5，说明至少能解释 50% 的案例情况。其总体解的一致性为 0.868（大于 0.8 的判别标准）。因此，说明这三种组态可作为高商业模式创新的充分条件。

表 6-5　商业模式创新前因条件组态结果

条件变量	组态 1	组态 2	组态 3
DIC	●	●	
SF	●	●	●
VCC	●		●
DS		●	●
一致性	0.890	0.887	0.888
覆盖度	0.508	0.500	0.502
总体解一致性		0.868	
解的一致性		0.890	

注：●表示核心条件存在，空白表示该条件既可以出现也可以不出现。

单一条件作为核心条件的情况。组态 1 与组态 2 都将数字创新能力作为核心条件之一。这两种组态路径展现了两种数字化经营下的战略思路，一种是基于数字创新能力，以价值共创的战略为主，如通过资源互补的方式实现商业模式创新；另一种是基于数字创新能力，以差异化竞争战略为主，通过提供与其他竞争对手不同的产品、服务或解决方案实现商业模式创新。组态 3 则数的核心条件不是数创新能力，而是战略柔性，展现了一种既有价值共创战略又有差异化战略的竞合战略联盟的创新思路。下文将进一步对三条组态路径进行具体分析。

组态 1（数字创新能力×战略柔性×价值共创）。该条路径可总结为数字创新价值共创型，该类型是由数字创新能力、战略柔性与价值共创三种前因驱动商业模式创新。该类型与其他两组的不同在于强调了数字创新能力驱动下的价值共同创造，构建资源互补的战略联盟。该路径下，企业可以通过数字创新能力与战略柔性能力的发挥，快速整合、重构资源，以更好地支持与用户、其他利益相关者的交流互动，支撑并赋能价值共创，最终促进商业模式创新。典型案例：海尔在"5G+工业互联网"赋能下的 GEA 大滚筒系列洗衣机生产线。在该生产线中，美国 GEA 主导产品设计，中国提供控制系统，新西兰斐雪派克提供电机……该生产线聚集了全球供应链的创新智慧。这是数字创新能力驱动下、战略柔性能力发挥下，以开放的全球视野，推动全球供应链协作进行价值共创、赋予产品更高的竞争力的一个典型案例。

组态 2（数字创新能力×战略柔性×差异化战略）。该条路径可总结为数字创新差异化战略型，该类型是由数字创新能力、战略柔性与差异化战略三种前因驱动商业模式创新。该类型强调了数字创新能力驱动下的差异化战略思路。该路径下，企业可以通过数字创新能力与战略柔性能力的发挥，增强敏捷性，抢抓创新需求与机遇，并快速配置资源满足用户的差异化需求，通过独特的产品或服务实现差异化战略，最终促进商业模式创新。典型案例：海尔智家。为了契合用户的差异化需求，海尔基于数字创新能力，不仅在冰箱外观材质上选用了防指纹不锈钢让冰箱时刻保持干净闪亮，还在冰箱内部使用可调节的货架进行合理的食材分区，并在用户需要时能随时查看剩余的库存。在智慧储鲜场景里借助内置的自适应除霜技术，为用户节约能源。冰箱内置的制冰机搭载了医药级过滤器，让有需要的用户随时都能获取到洁净的饮水和冰块。契合用户需求的独特设计和功能强大的智慧场景为其收获了美国 Bestproducts 官方网站"整体最佳冰箱"的美誉，这也进一步提升了海尔智家的海外品牌知名度和全球影响力。

组态 3（战略柔性×价值共创×差异化战略）。该条路径可总结为创新生态系统竞合联盟型，该类型是由战略柔性、价值共创与差异化战略三种前因驱动商业模式创新。该类型强调，在战略柔性的动态能力驱动下，由合作与差异化竞争策略共同主导产生创新生态系统竞合联盟型。战略柔性不仅是一个组织应对环境变化的能力，更是一种利用外部创新网络推动组织与外部创新主体之间合作的动态能力，从而帮助组织实现战略目标（周飞等，2019）。在开放式创新环境下，战略柔性能够帮助企业快速进入创新生态联盟。然而，仅是进入创新生态联盟产生协同与合作并不足够，数字经济下，数字创新的自生长性决定了同质化的竞争是一条"死胡同"，并不能使参与者在数字生态系统中长期立足。优秀的参与者需要在生态系统中形成独特定位，在"合"中找到"竞"的优势。典型案例如传统技术厂商红帽，在与 OpenStack 平台结成了生态系统联盟后，借助 OpenStack 平台提供的一整套标准化模块组件来自行组合发展。红帽进入生态系统后，也很快找准了自身的特色定位，瞄准混合云计算解决方案，最终成为云计算生态系统中的领先厂商。

组态类型典型案例如表 6-6 所示。

表 6-6　组态类型典型案例

组态类型	企业能力	企业战略	典型例证	创新结果（BMI）
数字创新价值共创型	数字创新能力战略柔性	价值共创	海尔在"5G+工业互联网"赋能下，推动全球供应链协作进行价值共创，赋予产品更高的竞争力	新的合作伙伴 新的产品 新的客户和市场
数字创新差异化战略型	数字创新能力战略柔性	差异化战略	海尔智家为了契合用户的差异化需求，采用差异化战略设计研发了具有分区、节能、过滤等特点的"整体最佳冰箱"	新的技术 新的产品 新的客户和市场
创新生态系统竞合联盟型	战略柔性	价值共创+差异化战略	红帽与 OpenStack 平台结成了生态系统联盟，借助平台提供的一整套标准化模块组件共创价值。同时，采取差异化战略，瞄准混合云计算解决方案，最终成为云计算生态系统中的领先厂商	新的技术 新的合作伙伴 新的客户和市场 新的服务

6.5　高技术制造企业商业模式创新前因组态分析

基于上述研究框架与结论，本书将进一步分析高技术制造企业商业模式创新前因组态。主要原因有以下几点：首先，高技术制造企业在工业经济发展中有着重要的带动作用，聚焦探讨高技术制造企业商业模式创新实现的前因条件组合具有重要的意义。其次，由于高技术制造企业更加依赖数字技术的使用（王芳等，2022；马鸿佳等，2024），而企业在发挥动态能力的过程中很难"面面俱到"。数字创新能力中的 4 个子能力互相联系又彼此影响，因此，分析高技术制造企业数字创新能力的 4 个子能力中哪些会成为实现高商业模式创新的核心条件，具有重要的理论价值及实践启示。最后，由于传统制造企业与高技术制造企业的创新投入与创新产出均存在较大差距（李小青等，2022），因此，影响高技术制造企业商业模式创新的前因组态可能会存在差异，值得进一步分析。

为了明确驱动高技术制造企业商业模式创新实现的主要能力与战略组合，本书将子研究三收集到的 355 家制造企业样本数据，按照国家统计局发布的《高技术产业（制造业）分类（2017）》进行分类，共筛选出 186 家高技术制造企业样本。本书基于数字创新能力的 4 个子能力（DICa、DICb、DICc、DICd）以及战略柔性（SF）、价值共创（VCC）和差异化战略（DS）共 7 个前因条件构建概念模型，具体如图 6-2 所示。同样地，按照变量校准、必要条件分析、组态分析的程序，对高技术制造企业商业模式创新进行前因组态分析。

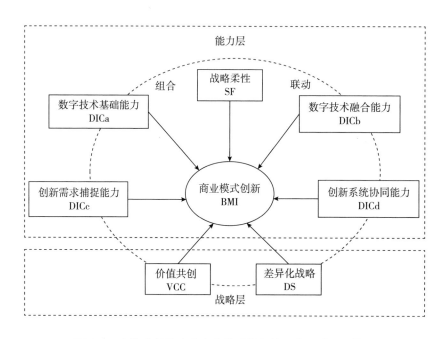

图 6-2　高技术制造企业商业模式创新的组态驱动机制模型

6.5.1　变量校准

本小节同样采用直接校准法将数据转化为隶属分数，设置完全隶属、交叉点、完全不隶属的阈值为 0.95、0.50、0.05，各个变量的校准结果如表 6-7 所示。以商业模式创新为例，高于 53.75 分表示完全实现了商业模式创新，低于 18 分表示完全没有实现商业模式创新，30 分表示案例介于两者之间。

表 6-7　条件与结果的变量校准（高技术制造企业）

条件与结果	DICa	DICb	DICc	DICd	DS	VCC	SF	BMI
完全隶属	22.00	23.00	18.00	36.75	20.00	49.00	31.75	53.75
交叉点	10.00	11.00	10.00	19.00	10.00	23.00	14.00	30.00
完全不隶属	6.00	5.00	4.00	10.00	6.00	13.00	8.25	18.00

6.5.2　必要条件分析

基于变量校准，将校准结果视为集合，本小节进一步利用 fsQCA3.0 软件，计算得到各个前因条件的一致性和覆盖率。对 DICa、DICb、DICc、DICd、DS、VCC 和 SF 七个前因要素进行单个变量的必要条件检验。结果如表 6-8 所示，所有前因条件的必要一致性均小于 0.9，即各个前因条件不具有足够的覆盖度，说明这些前因条件都不是实现高商业模式创新的必要条件。

表 6-8　必要性分析（高技术制造企业）

高商业模式创新			非高商业模式创新		
条件变量	一致性	覆盖度	条件变量	一致性	覆盖度
DICa	0.641	0.654	DICa	0.572	0.631
~DICa	0.638	0.579	~DICa	0.687	0.675
DICb	0.656	0.668	DICb	0.559	0.617
~DICb	0.624	0.566	~DICb	0.699	0.687
DICc	0.643	0.652	DICc	0.587	0.645
~DICc	0.650	0.592	~DICc	0.684	0.675
DICd	0.631	0.637	DICd	0.566	0.619
~DICd	0.623	0.570	~DICd	0.668	0.662
DS	0.674	0.665	DS	0.562	0.601
~DS	0.596	0.557	~DS	0.687	0.695
VCC	0.664	0.684	VCC	0.553	0.616

续表

高商业模式创新			非高商业模式创新		
条件变量	一致性	覆盖度	条件变量	一致性	覆盖度
~VCC	0.627	0.564	~VCC	0.717	0.698
SF	0.688	0.670	SF	0.591	0.622
~SF	0.612	0.580	~SF	0.686	0.705

6.5.3　组态分析

在经过必要条件分析后，本小节进行多因素组态路径分析。首先，构建真值表。其次，将案例频数设置为 1，即保留所有样本；一致性阈值设置为 0.8，PRI 阈值设置为 0.75，通过阈值过滤案例后得出最终真值表。

进一步地，通过布尔算法，将真值表简化为包含要素组合的解。本书选择报告和分析中间解的结果，对所得最终案例进行分析，高水平商业模式创新前因条件有 11 个不同的组态。总体解的一致性为 0.926，高于可接受阈值 0.8。其中，所有组态路径的一致性均高于 0.9，但是其中 6 条组态路径的覆盖度低于 0.4。学界通常认为，只要满足一致性大于 0.8，不论覆盖度多少，即可确定充分关系。尤其对于较大样本的 QCA 研究，很难设定一个覆盖度的标准。由于大样本 QCA 研究更具有演绎性，研究人员不得不向较低水平的覆盖度妥协（Greckhamer 等，2018）。尽管如此，也有学者指出，较低的覆盖度说明结果的很大一部分不是由得到的解所解释的。通常更大的频数阈值会使每个组态包含更多的案例，但会降低结果的覆盖度。综上所述，为了确保实证结果的解释力度，本书选择报告并分析覆盖度高于 0.4 的 5 条路径，即这 5 条路径都至少分别解释了 40%以上的案例。由表 6-9 可知，组合 1 至组合 5 的一致性均高于 0.8，且覆盖度均高于 0.4，具有较好的解释力度。本书将进一步对组态 1 至组态 5 进行详细分析。

表 6-9　高技术制造企业 BMI 前因条件组态结果

构型	技术协同型			敏捷创新型		—
条件变量	组合 1	组合 2	组合 3	组合 4	组合 5	组合 6 至组合 11
DICa	●	●	●		●	—
DICb	●	●	●	●		—

续表

构型	技术协同型			敏捷创新型		—
条件变量	组合 1	组合 2	组合 3	组合 4	组合 5	组合 6 至组合 11
DICc				●	●	
DICd	•	•		•		
SF	●		●	●	●	—
VCC	●	●	●	●	●	—
DS		●	●		●	—
一致性	0.953	0.956	0.958	0.962	0.975	
覆盖度	0.421	0.440	0.463	0.419	0.448	
总体解一致性	0.926					
总体解覆盖度	0.690					

注：●表示核心条件存在，•表示辅助条件存在，空白表示该条件既可以出现也可以不出现。

由组态结果可知，组态 1 至组态 5 也呈现出与表 6-5 商业模式创新前因条件组态结果相似的情况。在促进高技术制造企业实现商业模式创新的每个组合中，都至少有一种动态能力与一种企业战略，也不存在单一条件作为核心条件的情况。即商业模式创新的实现需要企业能力与企业战略的协同作用。

由高技术制造企业 BMI 前因条件组态结果的共性可知：

（1）在以上 5 种组态中，价值共创均作为核心条件存在，说明高技术制造企业更重视通过价值共创实现商业模式创新。工业 4.0 下的高技术制造企业善于利用数字技术重构价值链与价值网络，更容易也更擅长与其他利益相关者交互共创价值。通过技术连接上下游合作伙伴、顾客甚至其他行业的组织与个体，共同创造价值实现创新发展。

（2）在数字创新能力中，数字技术基础能力与数字技术融合能力占据核心位置。同时，创新需求捕捉能力与创新生态协同能力也作为核心或辅助条件出现。由此可见，高技术制造企业不仅具备良好的数字技术基础，更重视对数字技术的利用，充分发挥了数字创新能力中应用层的能力。例如，数字技术融合能力使数字技术与业务、产品充分融合发挥价值，创新需求捕捉能力帮助企业敏锐捕捉市场和客户的需求，创新生态系统协同能力帮助组织协调管理生态系统内的关系等。

（3）战略柔性在 5 条高覆盖度的组态路径中出现了 4 次，其是实现商业模式创新的核心条件之一。说明高技术制造企业重视对资源的配置和利用，也能够高效地通过发挥配置、重组资源的能力快速地应对变化。

（4）差异化战略也是高技术制造企业实现商业模式创新的核心条件之一，反映了高技术制造企业善于通过差异化战略提供独特的产品或服务实现创新。其中，组合2、组合3、组合5同时将价值共创与差异化战略两种战略作为核心条件，该类型反映了创新生态系统下高技术企业的典型特征：既要在数字技术赋能下充分与生态系统参与者协同进而实现价值共创，也要在数字技术赋能下快速捕捉创新需求落实差异化战略，在生态位中找到独特的竞争优势。

本书进一步基于数字创新能力中不同子能力的发挥，将以上5组路径总结为两种构型进行分析。

（1）技术协同型：包含组合1至组合3三条路径的构型，反映了技术协同型制造企业的特征。这类路径均以数字技术基础能力与数字技术融合能力作为核心条件，采取差异化战略或价值共创战略。数字技术基础能力与数字技术融合能力作为核心条件共同出现在三种组态中，反映了高技术制造企业能够较好地将数字技术与企业的生产、经营、管理、产品、企业战略、目标等各要素充分融合，发挥技术协同效应，促进创新。这类企业对数字技术的应用更多是内向的，即先关注企业自身的战略目标、生产经营需求等，再将数字技术应用于各个环节以提高效率，从而促进创新。这类商业模式创新路径类似于效率型商业模式创新，旨在通过技术提高生产经营、交易、服务等效率，通过更好的技术协同作用推动创新的实现。

（2）敏捷创新型：包含组合4和组合5两条路径的构型，反映了基于外部市场敏捷捕捉创新机会的制造企业特征。这类路径均以创新需求捕捉能力为核心能力，该类企业对于外部环境、市场需求、客户痛点通常有较高的敏捷性，并且善于通过提供独特的产品或服务来实现创新。值得注意的是，创新敏捷型的企业都将战略柔性作为核心条件，说明这类企业通常有较强战略柔性并且注重战略柔性能力的发挥，战略柔性能够帮助企业更好地配置资源、快速响应市场需求。该类型强调，高技术制造企业通过数字创新能力中的创新需求捕捉能力，配合战略柔性能力快速配置内外部资源，落实价值共创或差异化战略，创新产品或服务，获取独特竞争优势，最终促进商业模式创新。这类商业模式创新路径有着创新型商业模式创新的典型特征。该路径下的企业通常能够借助数字技术快速捕捉市场需求，甚至能够精准捕捉不同类型的核心需求、隐性需求，思考多层次的需求变化，并且能够利用数字技术充分发挥企业能力、落实相应战略，快速实现价值的创造和交付。例如，部分制造企业借助 SAP 软件搭建供应链控制塔，可以随时从整个需求网络中捕捉并分析数据。企业不仅可以快速预见库存短缺的情况，还能敏捷捕捉客户需求，提高产品交付水平。

6.6   稳健性检验

本书结合张明和杜运周（2019）提出的稳健性检验方式，对上文中两次组态分析的数据进行再次检验。更换校准数据的分位值，采用 75%、50% 和 25% 的锚点，将必要性分析中的 PRI 阈值提高至 0.9。再次通过标准分析程序后，结果显示，只有总体一致性和覆盖率系数产生了微小变动，简单解和中间解的核心条件及辅助条件组合均未发生改变。因此，以上研究结论稳健。

6.7   本章小结

本章介绍了子研究三的研究设计与 fsQCA 研究方法，通过变量校准、必要性分析、充分性分析等程序，探讨了 DIC、SF、VCC 和 DS 作为前因条件与 BMI 的复杂联动效应。得出以下具体研究结论：

第一，数字创新能力对商业模式创新有重要驱动作用。企业应在能力发展的过程中结合自身资源与需求，加强对企业能力的培养，注重培育自身的数字创新能力和战略柔性，而不是盲目地拥抱技术。企业应基于自身数字资源、数字基础设施，稳步发展部署、利用数字资源的能力。当企业的能力与战略协同配合时，能更有效地促进高水平商业模式创新。

第二，本书所得组态均由"能力+战略"的条件组成，结论印证了 David（2018）的研究观点，即商业模式、动态能力和战略是相互依存的。因此可以认为，企业若要更好地促进商业模式创新的实现，需结合实际情况，将战略目标与企业动态能力相匹配，通过动态能力的发挥促进企业战略的实施，在不同情境下驱动制造企业实现商业模式创新。

第三，制造企业需要充分认识到数字化环境下创新生态系统所带来的机遇与挑战，充分利用自身能力和资源，需要在生态系统中形成独特定位，在"合"中找到"竞"的优势。由组态结果可见，实现商业模式创新的驱动机制有三条路径。其中，第三条路径为"战略柔性×价值共创×差异化战略"，这是唯一一条没有数字化能力的路径，但是组合了两种不同类型的战略。也就是说，企业可以借助战略柔性的动态能力，在数字化环境下实现创新生态系统的协同合作，然而，也需要在"合"中找到自己独特的优势，强调价值共创战略和差异化战略的共同作用对于企业商业模式创新的重要影响。以上结论有助于制造企业从更全面的视角对如何驱动商业模式创新进行解读。

第四，高技术制造企业更强调对数字技术的应用，在能力层面更加重视数字技术应用层能力的发挥，如数字技术融合能力、创新需求捕捉能力与创新系统协同能力。同时，高技术制造企业均注重找到独特的差异化竞争优势。与传统制造企业不同，高技术制造企业也关注价值共创，但更加注重差异化战略的落实。高技术制造企业倾向于通过捕捉市场与客户的特别需求，并满足这些需求，从而在创新生态系统的协同合作中找到独特的、可持续发展的竞争优势。在这个过程中，战略柔性能力的发挥也至关重要，基于该能力，企业在捕捉创新需求后能够快速配置资源以响应需求。

第7章　总结与展望

制造企业商业模式创新面临诸多机遇与挑战。制造企业如何通过数字创新能力促进企业战略的落实，并促进商业模式创新是本书研究的核心问题。因此，本书立足于制造企业在数字化转型下以及可持续发展过程中存在的现实问题，聚焦于制造企业实现商业模式创新的机制问题，从创新生态系统视角展开阶段性的研究工作，分析了实现商业模式创新的可能路径。本书围绕制造企业创新战略、创新机制和系统性的创新能力的问题，综合运用动态能力理论、资源编排理论与创新生态系统理论，提出一套全新的企业能力体系与战略理论框架。在对相关变量进行文献梳理和理论分析后，运用规范的扎根理论方法，通过 Python 文本分析、Nvivo12 编码等技术分析形成数字创新能力的新内容维度，并开发出数字创新能力测量量表；构建了数字创新能力驱动制造企业商业模式创新实现的理论模型，借助 SPSS22.0 和 AMOS23.0 软件进行实证分析；探讨数字创新能力的内涵及其对商业模式创新的影响效应和作用机制，并通过 fsQCA 方法探索了影响制造企业商业模式创新的前因组态构型，帮助企业在新情境下，从更全面的视角理解数字创新能力驱动的商业模式创新实现机制。

7.1　研究总结

（1）创新生态系统下的企业数字创新能力是一个多维度的复杂概念。首先，数字创新能力是数字化情境下一项重要的企业能力，但它不是一个单维度的概念，而是一系列能力的集成，是一个能力体系，这与 Edu 等（2020）的研究结论一致。本书在创新生态系统的视角下重新探讨了数字创新能力的内涵与维度，认为数字创新能力是通过数字技术来获取外部资源、捕捉创新机会并打通内外部组织边界，进行协同合作，从而实现创新的能力。本书发现，数字创新能力由四大能力集成，且各能力维度之间存在一定的并列、因果及过程关系，包含数字技术基础能力、数字技术融合能力、创新需求捕捉能力与创新系统协同能力。创新生态系统下，数字创新能力作为组织的一种新的动态能力，强调了创新过程中企业对数字技术的充分应用，需要企业利用数字技术更好地洞察市场信息及动态，还需要企业利用数字技术形成获取外部资源并管理相关关系的协同能力，这样才能充分发挥生态系统整体的力量，从而实现价值创造。

其次，本书通过二手资料词频分析、访谈及一手资料编码概括出数字创新能力的四个维度，包含数字技术基础能力、数字技术融合能力、创新需求感知能力和创新系统协同能力（组织内部协同与组织外部协同），并开发出包含 22 个题项的正式量表，经过一系列检验验证了量表的信效度。

（2）数字创新能力对商业模式创新有直接和间接的作用机制。本书构建了数字创新能力驱动的商业模式创新实现机制模型，通过大规模调查法，经过两阶段的数据收集程序获取了制造企业的一手数据，经一系列检验得出结论。首先，数字创新能力对商业模式创新有重要的直接驱动作用。并且，数字创新能力的 4 个子能力维度均对商业模式创新产生正向影响。即数字技术基础能力、数字技术融合能力、创新需求捕捉能力与创新系统协同能力均对商业模式创新有直接的积极作用。其中，数字技术融合能力与创新生态系统协同能力对商业模式创新的影响较大。

其次，本书对数字创新能力对商业模式创新的影响机制进行了研究。研究发现，一方面，价值共创作为创新生态系统下的合作类战略，在数字创新能力驱动的商业模式创新中起到重要的桥梁作用。数字创新能力能够推动企业的价值共创战略行动，企业可以进一步通过价值共创实现商业模式创新。另一方面，差异化战略作为创新生态系统下的竞争策略，在数字创新能力对商业模式创新的影响中起到中介作用。数字创新能力能够促进差异化战略行动，并且通过差异化战略的落实促进商业模式创新的实现。其中，价值共创战略的中介效应大于差异化战略的中介效应。

（3）战略柔性作为创新生态系统下一种重要的动态能力，对商业模式创新的实现存在显著正向调节效应。首先，本书发现，战略柔性显著调节了价值共创与商业模式创新的关系。即战略柔性能力越强的制造企业，越容易通过价值共创行为实现商业模式创新。其次，本书发现，战略柔性显著正向调节了差异化战略与商业模式创新的关系。即拥有更强战略柔性能力的企业，更容易通过差异化战略的实施促进商业模式创新的实现。这一结论再次印证了 David（2018）的观点，即商业模式、动态能力和战略是相互依赖共存的，并且本书的结论更具体地扩展了其观点。数字化情境下，制造企业可以通过战略柔性能力的发挥，调节企业战略对商业模式创新的影响。

（4）商业模式创新受多因素组态的影响。本书通过子研究三另外收集到的数据样本，基于子研究一与子研究二的结论，采用 fsQCA3.0 软件对影响商业模式创新的四大前因变量进行组态分析。研究发现，存在三种影响制造企业商业模式创新的组态路径，可归纳为三种构型：数字创新价值共创型、数字创新差异化战略型与创新生态系统竞合联盟型。其中，前两种构型均以数字创新能力作为核心条件，创新生态系统竞合联盟型是以两种战略与战略柔性能力作为核心条件的。结论表明，首先，数字创新能力对商业模式创新的确有非常显著的影响，制造企业应重视数字创新能力的培养。其次，创新生态系统下存在放大的协同合作与差异化竞争特点，企业采用竞争与合作的数字战略并匹配战略柔性的动态能力，可以帮助其更好地实现商业模式创新。

7.2　理论贡献

本书是融合质性研究与量化研究的一项综合研究，可能的理论贡献如下：

（1）本书丰富了数字创新能力概念的相关研究，扩展了新情境下企业动态能力与创新能力的理论边界，回应了学界对于从创新生态系统视角探究企业创新能力提升的呼吁。

以往关于数字创新能力的研究结果已表明了该概念的多维度本质。本书的研究与 Edu 等（2020）及刘洋等（2021）的维度研究有一些相似之处，均考虑了数字技术的聚合性、连接性和自生长性。然而，本书基于创新生态系统视角，强调了对数字创新中组织属性相关能力的关注，更全面地诠释了数字创新能力的新内涵，也在一定程度上反映了创新生态系统下数字创新的实现过程，在理论上扩展了关于企业数字创新的讨论。这不仅对于未来开展企业数字化动态能力研究具有参考价值，也对企业创新能力研究有借鉴意义和启发作用。

（2）本书研究结果为数字创新能力维度的结构和测量项目增加了有价值的

见解。本书重新划分了数字创新能力的维度，扩展了对其内涵的理解，为未来相关研究奠定了基础。本书开发了相应的测量量表，并通过了相关检验，为未来数字创新的相关研究提供了理论参考和测量工具，也对其他情境下企业数字化能力的测量研究具有一定借鉴价值。

（3）本书扩展了数字化情境下商业模式创新的实现机制，丰富了商业模式创新的前置影响因素相关研究。本书的研究结论回答了学者提出的制造企业在数字化转型下，如何同时考虑资源、能力与战略选择的问题（刘洋和李亮，2022），并基于创新生态系统下组织的关系特征，验证了数字创新能力对差异化战略、价值共创战略的作用，证实了组织可以通过这两种竞合战略促进商业模式创新的实现。

7.3 实践启示

本书为破解企业数字化转型下创新实现路径中的难题提供了一定参考，对处于创新生态系统中的制造企业管理者有一定启示意义。

具体而言：

（1）制造企业需要认识到新情境下企业需要发展新的动态能力，数字创新能力是一项综合能力，应重视培养数字创新能力。

本书总结并验证了创新生态系统下企业所需的关键能力，启发制造企业培育新能力，激活新动能。研究结果表明，数字创新能力是一个多维的概念，企业应使用多个维度来评估其现有的数字创新能力。并且，通过识别各子维度下的关键驱动因素，管理者可以制定和实施策略，以更有效地集中精力培育重点所需能力。首先，企业数字技术能力是数字创新的基础。企业可通过自身技术基础，构建具有链接、整合与分析能力的内部数字平台，并利用好外部的数字化平台，以数据为纽带，打造开放共享的价值网络。其次，制造企业应尤其重视数字技术融合能力的培养。数字化情境下制造企业发展不再局限于生产制造环节，而需要将数字技术融合在产品设计、营销、物流、服务等各个业务环节，充分发挥数字技术、数字工具带来的价值增值，并以此创造出新的商业模式，构建以用户需求为核心的经营方式。企业数字创新应以市场价值为中心、以业务为驱动、以技术为支撑，做好创新战略规划，培养数字化的市场价值捕捉能力。通过察觉市场潜在的甚至目标用户未能自我察觉的需求来完成创新（Darroch 和 Miles，2011；Mazz-ucato，2016；Christensen 等，2019）。具体到实施上，企业应将数字化战略目标与企业的业务战略目标进行匹配，而不是盲目地拥抱技术，创新应该是基于需求分析、有清晰目标指导的行为。最后，创新系统协同能力对于当前的制造业尤其重要。数字创新的能力并不完全产生于企业内部，亦需要依靠外部环境的滋养（Katzy 等，2013；Rubera 等，2016）。对于组织内部而言，应培育合适的创新文化，对于合适的创新项目应全力支持，并构建适配的组织架构与数字人才体系。以往的研究将组织创新视为一种模糊现象，就好像整个组织都用一个统一的声音说话。在实践中，数字创新的启动受到权力、个人、经济和其他力量的多重影响（Kohli 和 Melville，2019），数字创新能力的高低也受到企业管理层创新能力的影响（Sousa 和 Rocha，2019）。在数字创新过程中，组织中良好的创新文化氛围，尤其是管理层给予员工的充分支持仍然是实现创新的关键要素。技术人才、创新人才与其他人才之间的分工配合也尤其重要。组织应以从横向上逐步打破部门壁垒，形成跨部门的多维合作模式。对于组织外部而言，数字化环境模糊了企业利益相关者（竞争对手、供应商、客户）和市场之间的传统界限，企业应通过数据共享借助内外部资源，将产品、服务、技术、管理、市场等多要素全面互联，实现资源优化和高效协同。

（2）创新生态系统下，制造企业需要构建共创共赢的生态圈，并发挥独特性优势。价值共创与差异化战略均是数字化情境下企业实现商业模式创新的重要战略。本书的理论分析部分展示了创新生态系统中的互动关系及其潜在的价值创造的重要性，帮助企业了解创新生态系统中强调的价值共创与协作，以及竞争的关系特征。本书的实证部分验证了价值共创战略有更强的中介效应，制造企业应在积极主动拥抱数字战略的同时，以数据为纽带，打造开放共享的价值网络。以区块链、人工智能等新一代技术驱动企业创新发展，通过数字技术连通上下游企业、物流中心和客户等。加深线上与线下融合，扩展传统产业边界范围，培育适应未来生存和发展的新业态。制造企业应注重培育独特性，通过独特的产品、定制化的服务，在共生共演的创新生态系统中找到自己独有的生态位，这样才能更好地实现创新及可持续发展。

（3）"战略+能力"是未来企业制胜的关键。企业能力与战略如何组合以实现最大价值不是一个新的议题了，早在 20 世纪 90 年代就有学者提出企业的战略定位必须基于企业的能力（Stalk 等，1992）。然而企业在发展能力过程中常常没有很好地将各种能力关联起来，也未能将能力与战略相匹配，形成"能力体系"。尤其在数字化环境下，制造企业被迫处于一种更加没有组织边界的创新生态系统中，传统制造企业想要实现商业模式创新必须考虑数字化能力与数字战略的协同促进作用。本书验证了可以实现商业模式创新的组织战略、创新机制，以促进制造企业实现商业模式创新并从中持续获利。这些能力与战略均与创新生态系统中企业间的关系特征有关，从一个较新的视角提供了一个较为全面的框架，帮助管理者理解多因素之间的关系，有助于制造企业利用并抓住数字化转型机会，适应动态的环境变化。

一方面，处于动态、复杂环境中的组织需要重视相关能力构建与培养。例如，重视能够帮助企业协调、配置资源以应对复杂环境变化的战略柔性能力的培养。在"寻找能力"和"发展能力"的过程中，既要重视"有形能力"，如技术能力；也不能忽略"无形能力"，如协同能力。同时，重视对数字技术的应用而不是占有，重视构建适应于当下环境的综合能力体系。另一方面，企业需要找到当前环境下适宜自身的战略目标及战略行动。在不同情境下，通过合适的战略选择匹配一定的组织能力促进商业模式创新的实现。总体而言，工业4.0下的制造企业更需要培养利用技术的能力，充分发挥数字技术应用层的能力，借助数字技术快速捕捉不同层次需求。同时，通过数字技术重构价值链与价值网络，与其他利益相关者共创价值，实现创新发展。

7.4　研究局限与展望

受主观因素和客观因素的影响，本书研究存在局限。下面总结研究的局限性并提出未来展望。

第一，囿于资源获取渠道，本书样本数量有限，且测量方式具有一定主观局限性。由于数字创新能力、价值共创等变量难以进行客观度量，且相关研究建议使用量表测量商业模式创新以更好地反映创新程度。因此，本书借鉴已有成熟量表并结合研究情境的适用性进行修正，且通过一系列程序检验量表数据。本书在文本分析基础上，通过一系列量表开发程序实现了数字创新能力的可操作化，具有一定的开创性贡献，但仍不免存在一定主观性和普适性局限。未来研究可进一步加深对数字创新能力的理解，扩大样本量，在本书开发的量表基础上，进行多次验证及修正，以扩展数字创新能力的相关研究。并且，考虑借鉴使用文本分析等方法获取二手数据进行进一步研究，使研究数据更加客观、研究结论更加稳健。

第二，尽管子研究一所选取的案例样本企业涉及不同行业，但多集中于西南地区，每个企业所处的市场区域都有独特的特点，因此企业的数字创新能力也可能会受到市场环境和区域位置的影响。并且子研究一中的样本企业平均规模较大，未能充分关注数字技术利用相对受限的中小企业样本，不同规模企业的数字创新需要的支撑能力也可能不同。未来的研究可以在不同情境下对更广泛样本进行实证研究，以评估量表的稳健性。

第三，本书聚焦于企业能力与战略，但仅关注两种能力与两种战略对商业模式创新的影响。本书主要基于创新生态系统下的企业关系特征，考虑了数字化能力与非数字化能力、竞争策略与合作策略。而创新生态系统下的其他关系特征仍有待考量，如替代与互补。未来研究可探讨其他关系特征涉及的关键要素对商业模式创新的作用效果和机制。对于结果变量，未来研究可以考虑数字创新能力带来的直观影响，如绩效、创新生态系统构建等。

第四，在调研对象的选取方面，本书以制造企业为研究对象，未包含更广泛行业的企业样本，可能导致研究结论缺乏行业普适性。未来如果想探讨数字创新能力在更广泛行业内对商业模式创新的驱动效应，则可聚焦于其他行业进行研究，考虑细分行业等因素对研究结果的影响。

第五，本书虽然考虑到"能力—行为—结果"这一路径的转化需要时间，并在收集数据时考虑了时间滞后效应，但无法纵向分析长期趋势。商业模式创新是一个动态的过程，纵向数据可用来评估战略方向随时间的推移对商业模式创新的影响，未来研究可检验更长时间周期的数据，以突破上述限制。

参考文献

［1］ Adner R. , Kapoor R. Value creation in innovation ecosystems: How the structure of technological interdependence affects firm performance in new technology generations ［J］. Strategic Management Journal, 2010, 31（3）: 306-333.

［2］ Adner R. , Puranam P. , Zhu F. What is different about digital strategy? From quantitative to qualitative change ［J］. Strategy Science, 2019, 4（4）: 253-261.

［3］ Adner R. Ecosystem as structure: An actionable construct for strategy ［J］. Journal of Management, 2017, 43（1）: 39-58.

［4］ Adner R. Match your innovation strategy to your innovation ecosystem ［J］. Harvard Business Review, 2006, 84（4）: 1-12.

［5］ Agrawal A. K. , Rahman Z. Ccv scale: Development and validation of customer co-created value scale in e-services ［J］. Current Psychology, 2019（38）: 720-736.

［6］ Akaka M. A. , Vargo S. L. , Lusch R. F. The complexity of context: A service ecosystems approach for international marketing ［J］. Journal of international marketing (East Lansing, Mich.), 2013, 21（4）: 1-20.

［7］ Ameer R. , Othman R. The impact of working capital management on financial performance of cost leadership and differentiation strategy firms in different business cycles: Evidence from new zealand ［J］. Journal of Asia-Pacific Business, 2021, 22（1）: 39-57.

［8］ Amit R. , Han X. Value creation through novel resource configurations in a digitally enabled world ［J］. Strategic Entrepreneurship Journal, 2017, 11（3）: 228-242.

［9］ Amit R. , Zott C. Creating value through business model innovation ［J］. Mit Sloan Management Review, 2012, 53 （3）: 41-49.

［10］ Amoako-Gyampah K. , Acquaah M. Manufacturing strategy, competitive strategy and firm performance: An empirical study in a developing economy environment ［J］. International Journal of Production Economics, 2008, 111 （2）: 575-592.

［11］ Andersén J. , Ljungkvist T. Resource orchestration for team-based innovation: A case study of the interplay between teams, customers, and top management ［J］. R & D Management, 2021, 51 （1）: 147-160.

［12］ Annarelli A. , Battistella C. , Nonino F. , et al. Literature review on digitalization capabilities: Co-citation analysis of antecedents, conceptualization and consequences ［J］. Technological Forecasting and Social Change, 2021 （166）: 1-54.

［13］ Arunachalam S. , Ramaswami S. N. , Patel P. C. , et al. Innovation-based strategic flexibility (isf): Role of ceo ties with marketing and r&d ［J］. International Journal of Research in Marketing, 2022, 39 （3）: 927-946.

［14］ Barney J. Firm resources and sustained competitive advantage ［J］. Journal of Management, 1991, 17 （1）: 99-120.

［15］ Barrett M. , Davidson E. , Prabhu J. , et al. Service innovation in the digital age ［J］. MIS quarterly, 2015, 39 （1）: 135-154.

［16］ Bashir M. , Naqshbandi M. , Farooq R. Business model innovation: A systematic review and future research directions ［J］. International Journal of Innovation Science, 2020, 12 （4）: 457-476.

［17］ Bashir M. , Verma R. Internal factors & consequences of business model innovation ［J］. Management Decision, 2019, 57 （1）: 262-290.

［18］ Battistella C. , De Toni A. F. , De Zan G. , et al. Cultivating business model agility through focused capabilities: A multiple case study ［J］. Journal of Business Research, 2017 （73）: 65-82.

［19］ Beltagui A. , Rosli A. , Candi M. Exaptation in a digital innovation ecosystem: The disruptive impacts of 3d printing ［J］. Research Policy, 2020, 49 （1）: 1-48.

［20］ Bharadwaj A. , Sawy O. , Pavlou P A. , et al. Digital business strategy: Toward a next generation of insights [J]. Mis Quarterly, 2013, 37 (2): 471-482.

[21] Blaschke M., Riss U., Haki K., et al. Design principles for digital value co-creation networks: A service-dominant logic perspective [J]. Electronic Markets, 2019, 29 (3): 443-472.

[22] Bogers M., Chesbrough H., Heaton S., et al. Strategic management of open innovation: A dynamic capabilities perspective [J]. California Management Review, 2019, 62 (1): 77-94.

[23] Bock A. J., Opsahl T., George G., et al. The effects of culture and structure on strategic flexibility during business model innovation [J]. Journal of Management Studies, 2012, 49 (2): 279-305.

[24] Bocken N. M. P., Geradts T. Barriers and drivers to sustainable business model innovation: Organization design and dynamic capabilities [J]. Long Range Planning, 2020, 53 (4): 1-58.

[25] Bouwman H., Nikou S., Reuver M. D., et al. Digitalization, business models, and SMEs: How do business model innovation practices improve performance of digitalizing smes? [J]. Telecommunications Policy, 2019, 43 (9): 101828.

[26] Breidbach C. F., Maglio P. P. Technology-enabled value co-creation: An empirical analysis of actors, resources, and practices [J]. Industrial Marketing Management, 2016 (56): 73-85.

[27] Brenes E. R., Ciravegna L., Acuña J. Differentiation strategies in agribusiness-a configurational approach [J]. Journal of Business Research, 2020 (119): 522-539.

[28] Brewis C., Strønen F. Digital transformation in fmcg and automotive industries-emergence of digital innovation capabilities [C]. Proceedings of the European Conference on Knowledge Management, 2021.

[29] Bryson J. M., Ackermann F., Eden C. Putting the resource-based view of strategy and distinctive competencies to work in public organizations [J]. Public Administration Review, 2007, 67 (4): 702-717.

[30] Cambra-Fierro J., Melero-Polo I., Sese F. J. Customer value co-creation over the relationship life cycle [J]. Journal of Service Theory and Practice, 2018, 28 (3): 336-355.

［31］ Candi M. , Beltagui A. Effective use of 3d printing in the innovation process ［J］. Technovation, 2019 (80): 63-73.

［32］ Capron L. , Mitchell W. Selection capability: How capability gaps and internal social frictions affect internal and external strategic renewal ［J］. Organization Science, 2009, 20 (2): 294-312.

［33］ Ceccagnoli M. , Forman C. , Huang P. , et al. Cocreation of value in a platform ecosystem: The case of enterprise software ［J］. Mis Quarterly, 2011 (36): 263-290.

［34］ Cenamor J. , Parida V. , Wincent J. How entrepreneurial smes compete through digital platforms: The roles of digital platform capability, network capability and ambidexterity ［J］. Journal of Business Research, 2019 (100): 196-206.

［35］ Chan A. T. L. , Ngai E. W. T. , Moon K. K. L. The effects of strategic and manufacturing flexibilities and supply chain agility on firm performance in the fashion industry ［J］. European Journal of Operational Research, 2017, 259 (2): 486-499.

［36］ Cheng C. , Wang L. How companies configure digital innovation attributes for business model innovation? A configurational view ［J］. Technovation, 2022 (112):102398.

［37］ Chesbrough H. Business model innovation: Opportunities and barriers ［J］. Long Range Planning, 2010, 43 (2-3): 354-363.

［38］ Christensen C. M. , Ojomo E. , Gay G. D. , et al. The third answer: How market-creating innovation drives economic growth and development ［J］. Innovations: Technology, Governance, Globalization, 2019, 12 (3-4): 10-26.

［39］ Chuang S. , Lin H. Co-creating e-service innovations: Theory, practice, and impact on firm performance ［J］. International Journal of Information Management, 2015, 35 (3): 277-291.

［40］ Churchill G. A. , Iacobucci D. Marketing research: Methodological foundations ［M］. Fort Worth: Harcourt College Publishers, 2015.

［41］ Ciampi F. , Demi S. , Magrini A. , et al. Exploring the impact of big data analytics capabilities on business model innovation: The mediating role of entrepreneurial orientation ［J］. Journal of Business Research, 2021 (123): 1-13.

［42］ Clausen T. H. , Rasmussen E. Parallel business models and the innovativeness of research-based spin-off ventures [J]. Journal of Technology Transfer, 2013, 38 (6): 836-849.

[43] Clauss T. Measuring business model innovation: Conceptualization, scale development, and proof of performance [J]. R&D Management, 2017, 47 (3): 385-403.

[44] Collis D. J. Research note: How valuable are organizational capabilities? [J]. Strategic Management Journal, 1994, 15 (S1): 143-152.

[45] Darroch J., Miles M. P. A research note on market creation in the pharmaceutical industry [J]. Journal of Business Research, 2011, 64 (7): 723-727.

[46] Dattée B., Alexy O., Autio E. Maneuvering in poor visibility: How firms play the ecosystem game when uncertainty is high [J]. Academy of Management Journal, 2018, 61 (2): 466-498.

[47] David J. T. Business models and dynamic capabilities [J]. Long Range Planning, 2018, 51 (1): 40-49.

[48] De Vasconcelos Gomes L. A., Facin A. L. F., Salerno M. S., et al. Unpacking the innovation ecosystem construct: Evolution, gaps and trends [J]. Technological Forecasting and Social Change, 2018 (136): 30-48.

[49] Dias Sant Ana T., de Souza Bermejo P. H., Moreira M. F., et al. The structure of an innovation ecosystem: Foundations for future research [J]. Management Decision, 2020, 58 (12): 2725-2742.

[50] Edu S. A., Agoyi M., Agozie D. Q. Integrating digital innovation capabilities towards value creation [J]. International Journal of Intelligent Information Technologies, 2020, 16 (4): 37-50.

[51] Eisenhardt K. M., Bingham C. B. Superior strategy in entrepreneurial settings: Thinking, doing, and the logic of opportunity [J]. Strategy Science, 2017, 2 (4): 246-257.

[52] Eller R., Alford P., Kallmünzer A., et al. Antecedents, consequences, and challenges of small and medium-sized enterprise digitalization [J]. Journal of Business Research, 2020 (112): 119-127.

[53] Espino-Rodríguez T. F., Lai P. C. Activity outsourcing and competitive strategy in the hotel industry. The moderator role of asset specificity [J]. International

Journal of Hospitality Management, 2014 (42): 9-19.

[54] Fiss P. C. A set-theoretic approach to organizational configurations [J]. Academy of Management Review, 2007, 32 (4): 1180-1198.

[55] Fiss P. C. Building better causal theories: A fuzzy set approach to typologies in organization research [J]. Academy of Management Journal, 2011, 54 (2): 393-420.

[56] Foss N. J. , Saebi T. Fifteen years of research on business model innovation: How far have we come, and where should we go? [J]. Journal of Management, 2017, 43 (1): 200-227.

[57] Furnari S. , Crilly D. , Misangyi V. F. , et al. Capturing causal complexity: Heuristics for configurational theorizing [J]. The Academy of Management Review, 2021, 46 (4): 778-799.

[58] Gawer A. Bridging differing perspectives on technological platforms: Toward an integrative framework [J]. Research Policy, 2014, 43 (7): 1239-1249.

[59] Gawke J. C. , Gorgievski M. J. , Bakker A. B. Measuring intrapreneurship at the individual level: Development and validation of the employee intrapreneurship scale [J]. European Management Journal, 2019, 37 (6): 806-817.

[60] Gebauer H. , Paiola M. , Saccani N. , et al. Digital servitization: Crossing the perspectives of digitization and servitization [J]. Industrial Marketing Management, 2021 (93): 382-388.

[61] Goldfarb A. , Tucker C. Digital economics [J]. Journal of Economic Literature, 2019, 57 (1): 3-43.

[62] Gonçalves D. , Bergquist M. , Alänge S. , et al. How digital tools align with organizational agility and strengthen digital innovation in automotive startups [J]. Procedia Computer Science, 2022 (196): 107-116.

[63] Granstrand O. , Holgersson M. Innovation ecosystems: A conceptual review and a new definition [J]. Technovation, 2020 (90): 102098.

[64] Greckhamer T. , Furnari S. , Fiss P. C. , et al. Studying configurations with qualitative comparative analysis: Best practices in strategy and organization research [J]. Strategic Organization, 2018, 16 (4): 482-495.

[65] Greckhamer T. , Mossholder K. W. Qualitative comparative analysis and

strategic management research: Current state and future prospects [J]. Research Methodology in Strategy & Management, 2011 (6): 259-288.

[66] Gullmark P. Do all roads lead to innovativeness? A study of public sector organizations' innovation capabilities [J]. The American Review of Public Administration, 2021, 51 (7): 509-525.

[67] Guo B., Pang X., Li W. The role of top management team diversity in shaping the performance of business model innovation: A threshold effect [J]. Technology Analysis & Strategic Management, 2018, 30 (2): 241-253.

[68] Hao S., Song M. Technology-driven strategy and firm performance: Are strategic capabilities missing links? [J]. Journal of Business Research, 2016, 69 (2): 751-759.

[69] Hernández-Perlines F., Moreno-García J., Yañez-Araque B. The mediating role of competitive strategy in international entrepreneurial orientation [J]. Journal of Business Research, 2016, 69 (11): 5383-5389.

[70] Heubeck T., Meckl R. More capable, more innovative? An empirical inquiry into the effects of dynamic managerial capabilities on digital firms' innovativeness [J]. European Journal of Innovation Management, 2022, 25 (6): 892-915.

[71] Hinkin T. R. A review of scale development practices in the study of organizations [J]. Journal of Management, 1995, 21 (5): 967-988.

[72] Hsu L. C., Wang C. H. Clarifying the effect of Intellectual capital on performance: The mediating role of dynamic capability [J]. British Journal of Management, 2010, 23 (2): 179-205.

[73] Hu B., Zhang T., Yan S. How corporate social responsibility Iinfluences business model innovation: The mediating role of organizational legitimacy [J]. Sustainability, 2020, 12 (7): 2667.

[74] Jacobides M. G., Cennamo C., Gawer A. Towards a theory of ecosystems [J]. Strategic Management Journal, 2018, 39 (8): 2255-2276.

[75] Jiang F., Wang D., Wei Z. How yin-yang cognition affects organizational ambidexterity: The mediating role of strategic flexibility [J]. Asia Pacific Journal of Management, 2022, 39 (4): 1187-1214.

[76] Jun W., Nasir M. H., Yousaf Z., et al. Innovation performance in digital

economy: Does digital platform capability, improvisation capability and organizational readiness really matter? [J]. European Journal of Innovation Management, 2021, 25 (5): 1309-1327.

[77] Juntunen J. K. , Halme M. , Korsunova A. , et al. Strategies for integrating stakeholders into sustainability innovation: A configurational perspective [J]. Journal of Product Innovation Management, 2018, 36 (3): 331-355.

[78] Kafetzopoulos D. , Psomas E. , Bouranta N. The influence of leadership on strategic flexibility and business performance: The mediating role of talent management [J]. Management Decision, 2022, 60 (9): 2532-2551.

[79] Kandemir D. , Acur N. How can firms locate proactive strategic flexibility in their new product development process? The effects of market and technological alignment [J]. Innovation (North Sydney), 2022, 24 (3): 407-432.

[80] Karimi J. , Walter Z. The role of dynamic capabilities in responding to digital disruption: A factor-based study of the newspaper industry [J]. Journal of Management Information Systems, 2015, 32 (1): 39-81.

[81] Katzy B. , Turgut E. , Holzmann T. , et al. Innovation intermediaries: A process view on open innovation coordination [J]. Technology Analysis & Strategic Management, 2013, 25 (3): 295-309.

[82] Kenneth A. Bollen. Sample size and bentler and bonett's nonnormed fit index [J]. Psychometrika, 1987, 51 (1): 375-377.

[83] Khin S. , Ho T. C. Digital technology, digital capability and organizational performance: A mediating role of digital innovation [J]. International Journal of Innovation Science, 2019, 11 (2): 177-195.

[84] Klang D. , Wallnfer M. , Hacklin F. The business model paradox: A systematic review and exploration of antecedents [J]. International Journal of Management Reviews, 2014, 16 (4): 454-478.

[85] Knight G. , Moen Ø. , Madsen T. K. Antecedents to differentiation strategy in the exporting sme [J]. International Business Review, 2020, 29 (6): 101740.

[86] Kohli R. , Melville N. P. Digital innovation: A review and synthesis [J]. Information Systems Journal, 2019, 29 (1): 200-223.

[87] Kohtamäki M. , Rajala R. Theory and practice of value co-creation in b2b

systems [J]. Industrial Marketing Management, 2016 (56): 4-13.

[88] Kostis A., Ritala P. Digital artifacts in industrial co-creation: How to use vr technology to bridge the provider-customer boundary [J]. California Management Review, 2020, 62 (4): 125-147.

[89] Kraus S., Roig-Tierno N., Bouncken R. B. Digital innovation and venturing: An introduction into the digitalization of entrepreneurship [J]. Review of Managerial Science, 2019, 13 (3): 519-528.

[90] Kretschmer T., Claussen J. Generational transitions in platform markets-the role of backward compatibility [J]. Operations Research, 2018, 58 (1-2): 143-146.

[91] Lankoski L., Smith N. C., Van Wassenhove L. Stakeholder Judgments of value [J]. Business Ethics Quarterly, 2016, 26 (2): 227-256.

[92] Laud G., Karpen I. O. Value co-creation behaviour-role of embeddedness and outcome considerations [J]. Journal of Service Theory and Practice, 2017, 27 (4): 778-807.

[93] Lawson B., Samson D. Developing innovation capability in organisations: A dynamic capabilities approach [J]. International Journal of Innovation Management, 2001, 5 (3): 377-400.

[94] Lee C. H., Hoehn Weiss M. N., Karim S. Competing both ways: how combining porter's low-cost and focus strategies hurts firm performance [J]. Strategic Management Journal, 2021, 42 (12): 2218-2244.

[95] Legner C., Eymann T., Hess T., et al. Digitalization: Opportunity and challenge for the business and information systems engineering community [J]. Business & Information Systems Engineering, 2017, 59 (4): 301-308.

[96] Lenka S., Parida V., Wincent J. Digitalization capabilities as enablers of value co-creation in servitizing firms [J]. Psychology & Marketing, 2017, 34 (1): 92-100.

[97] Leticia Santos-Vijande M., Angel Lopez-Sanchez J., Rudd J. Frontline employees' collaboration in industrial service innovation: Routes of co-creation's effects on new service performance [J]. Journal of the Academy of Marketing Science, 2016, 44 (3): 350-375.

［98］Li F. The digital transformation of business models in the creative indust-ries: A holistic framework and emerging trends ［J］. Technovation, 2020（92）: 1-45.

［99］Li H. , Fang Y. , Lim K. H. , et al. Platform-based function repertoire, reputation, and sales performance of e-marketplace sellers ［J］. Mis Quarterly, 2019（43）: 207-236.

［100］Li L. , Zhu W. , Wei L. , et al. How can digital collaboration capability boost service innovation? Evidence from the information technology industry ［J］. Tech-nological Forecasting & Social Change, 2022（182）: 121830.

［101］Linde L. , Sjödin D. , Parida V. , et al. Dynamic capabilities for ecosys-tem orchestration a capability-based framework for smart city innovation initiatives ［J］. Technological Forecasting and Social Change, 2021（166）: 120614.

［102］Liu C. , Horng J. , Chou S. , et al. How to create competitive advan-tage: The moderate role of organizational learning as a link between shared value, dy-namic capability, differential strategy, and social capital ［J］. Asia Pacific Journal of Tourism Research, 2018, 23（8）: 747-764.

［103］Liu X. , Wu X. Innovation: management, policy & practice ［J］. Man-agement, Policy & Practice, 2011, 13（1）: 20-35.

［104］Loebbecke C. , Picot A. Reflections on societal and business model trans-formation arising from digitization and big data analytics: A research agenda ［J］. The Journal of Strategic Information Systems, 2015, 24（3）: 149-157.

［105］Luftman J. , Lyytinen K. , Zvi T. B. Enhancing the measurement of infor-mation technology（it）business alignment and its influence on company performance ［J］. Journal of Information Technology, 2017, 32（1）: 26-46.

［106］Lütjen H. , Schultz C. , Tietze F. , et al. Managing ecosystems for service innovation: A dynamic capability view ［J］. Journal of Business Research, 2019, 104（6）: 506-519.

［107］Lyytinen K. Innovation logics in the digital era: A systemic review of the e-merging digital innovation regime ［J］. Innovation（North Sydney）, 2022, 24（1）: 13-34.

［108］Maravilhas S. , Martins J. Strategic knowledge management in a digital environment: Tacit and explicit knowledge in fab labs [J]. Journal of Business Research, 2019 (94): 353-359.

[109] Massa L., Tucci C. L., Afuah A. A critical assessment of business model research [J]. Academy of Management Annals, 2017, 11 (1): 73-104.

[110] Matalamäki M. J., Joensuu-Salo S. Digitalization and strategic flexibility-a recipe for business growth [J]. Journal of Small Business and Enterprise Development, 2021, 29 (3): 380-401.

[111] Matt C., Hess T., Benlian A. Digital transformation strategies [J]. Business & Information Systems Engineering, 2015, 57 (5): 339-343.

[112] Mazzucato M. From market fixing to market-creating: A new framework for innovation policy [J]. Industry and Innovation, 2016, 23 (2): 140-156.

[113] Meier L. L., Spector P. E. Reciprocal effects of work stressors and counterproductive work behavior: A five-wave longitudinal study [J]. Journal of Applied Psychology, 2013, 98 (3): 529-539.

[114] Mikalef P., Krogstie J. Examining the interplay between big data analytics and contextual factors in driving process innovation capabilities [J]. European Journal of Information Systems, 2020, 29 (3): 260-287.

[115] Miroshnychenko I., Strobl A., Matzler K., et al. Absorptive capacity, strategic flexibility, and business model innovation: Empirical evidence from italian smes [J]. Journal of Business Research, 2021 (130): 670-682.

[116] Mishra A. A., Shah R. In union lies strength: Collaborative competence in new product development and its performance effects [J]. Journal of Operations Management, 2009, 27 (4): 324-338.

[117] Nambisan S., Lyytinen K., Majchrzak A., et al. Digital innovation management: Reinventing innovation management research in a digital world [J]. Mis Quarterly, 2017, 41 (1): 223-238.

[118] Nambisan S., Wright M., Feldman M. The digital transformation of innovation and entrepreneurship: Progress, challenges and key themes [J]. Research Policy, 2019, 48 (8): 103773.

[119] Nasiri M., Saunila M., Ukko J., et al. Shaping digital innovation via digital-related capabilities [J]. Information Systems Frontiers, 2020 (25): 18.

[120] Nassani A. A. , Aldakhil A. M. Tackling organizational innovativeness through strategic orientation: Strategic alignment and moderating role of strategic flexibility [J]. European Journal of Innovation Management, 2023, 26 (3): 847-861.

[121] Nieto M. , Quevedo P. Absorptive capacity, technological opportunity, knowledge spillovers, and innovative effort [J]. Technovation, 2005, 25 (10): 1141-1157.

[122] Oh D. S. , Phillips F. , Park S. , et al. Innovation ecosystems: A critical examination [J]. Technovation, 2016 (54): 1-6.

[123] Paavola L. The role of (dynamic) capabilities in the transformation of a multi - organizational setting [J]. Journal of Evolutionary Economics, 2021, 31 (2): 715-748.

[124] Pavlou P. A. , Sawy O. Understanding the elusive black box of dynamic capabilities [J]. Decision Sciences, 2011, 42 (1): 239-273.

[125] Pedersen E. R. G. , Gwozdz W. , Hvass K. K. Exploring the relationship between business model innovation, corporate sustainability, and organisational values within the fashion industry [J]. Journal of Business Ethics, 2018, 149 (2): 267-284.

[126] Piscicelli L. , Ludden G. D. S. , Cooper T. What makes a sustainable business model successful? An empirical comparison of two peer-to-peer goods-sharing platforms [J]. Journal of cleaner production, 2018 (172): 4580-4591.

[127] Porter M. E. Competitive strategy: Techniques for analyzing industries and competitors [M]. New York: Free Press, 1980.

[128] Prahalad C. K. , Ramaswamy V. Co-creation experiences: The next practice in value creation [J]. Journal of Interactive Marketing, 2004, 18 (3): 5-14.

[129] Prieto I. M. , Revilla E. , Rodríguez-Prado B. Building dynamic capabilities in product development: How do contextual antecedents matter? [J]. Scandinavian Journal of Management, 2009, 25 (3): 313-326.

[130] Pucci T. , Nosi C. , Zanni L. Firm capabilities, business model design and performance of smees [J]. Journal of Small Business & Enterprise Development, 2017, 24 (2): 222-241.

[131] Pushpananthan G. , Elmquist M. Joining forces to create value: The emer-

gence of an innovation ecosystem [J]. Technovation, 2022 (115): 1-15.

[132] Ragin C. C. Redesigning social inquiry: Fuzzy sets and beyond [M]. Chicago: University of Chicago Press, 2008.

[133] Randhawa K., Wilden R., Gudergan S. How to innovate toward an ambidextrous business model? The role of dynamic capabilities and market orientation [J]. Journal of Business Research, 2021, 130 (4): 618-634.

[134] Ren S., Eisingerich A. B., Tsai H. T. How do marketing, research and development capabilities, and degree of internationalization synergistically affect the innovation performance of small and medium-sized enterprises (smes)? A panel data study of chinese smes [J]. International Business Review, 2015, 24 (4): 642-651.

[135] Rigby D., Zook C. Open-market innovation [J]. Harvard business review, 2002, 80 (10): 80-93.

[136] Ritter T., Lettl C. The wider implications of business-model research [J]. Long Range Planning, 2018, 51 (1): 1-8.

[137] Robinson S., Orsingher C., Alkire L., et al. Frontline encounters of the ai kind: An evolved service encounter framework [J]. Journal of Business Research, 2020 (116): 366-376.

[138] Rubera G., Chandrasekaran D., Ordanini A. Open innovation, product portfolio innovativeness and firm performance: The dual role of new product development capabilities [J]. Journal of the Academy of Marketing Science, 2016, 44 (2): 166-184.

[139] Sabrina S., Patrick S. Business model innovation: towards an integrated future research agenda [J]. International Journal of Innovation Management, 2013, 17 (1): 1-34.

[140] Saunila M., Ukko J., Rantala T. Value co-creation through digital service capabilities: The role of human factors [J]. Information Technology & People, 2019, 32 (3): 627-645.

[141] Schilke O. On the contingent value of dynamic capabilities for competitive advantage: The nonlinear moderating effect of environmental dynamism [J]. Strategic Management Journal, 2014, 35 (2): 179-203.

[142] Schlegelmilch B. B., Diamantopoulos A., Kreuz P. Strategic innovation: The

construct, its drivers and its strategic outcomes [J]. Journal of Strategic Marketing, 2003, 11 (2): 117-132.

[143] Scott S. V., Van Reenen J., Zachariadis M. The long-term effect of digital innovation on bank performance: An empirical study of swift adoption in financial services [J]. Research Policy, 2017, 46 (5): 984-1004.

[144] Sen S., Savitskie K., Mahto R. V., et al. If it ain't broke, don't fix it? Indian manufacturing smes' quest for strategic flexibility [J]. Journal of Business Research, 2022 (143): 27-35.

[145] Sirmon D. G., Hitt M. A., Ireland R. D. Managing firm resources in dynamic environments to create value: Looking inside the black box [J]. Academy of Management Review, 2007, 32 (1): 273-292.

[146] Sirmon D. G., Hitt M. A., Ireland R. D., et al. Resource orchestration to create competitive advantage: Breadth, depth, and life cycle effects [J]. Journal of Management, 2011, 37 (5): 1390-1412.

[147] Sirmon D. G., Hitt M. A. Contingencies within dynamic managerial capabilities: Interdependent effects of resource investment and deployment on firm performance [J]. Strategic Management Journal, 2009, 30 (13): 1375-1394.

[148] Sjödin D., Parida V., Palmié M., et al. How ai capabilities enable business model innovation: Scaling ai through co-evolutionary processes and feedback loops [J]. Journal of Business Research, 2021 (134): 574-587.

[149] Sklyar A., Kowalkowski C., Tronvoll B., et al. Organizing for digital servitization: A service ecosystem perspective [J]. Journal of Business Research, 2019, 104 (1): 450-460.

[150] Sorensen C., De Reuver M., Basole R. C. Mobile platforms and ecosystems [J]. Journal of Information Technology, 2015, 30 (3): 195-197.

[151] Sousa M. J., Rocha A. Skills for disruptive digital business [J]. Journal of Business Research, 2019, 94 (1): 257-263.

[152] Spieth P., Schneider S. Business model innovativeness: Designing a formative measure for business model innovation [J]. Journal of Business Economics, 2016, 86 (6): 671-696.

[153] Spillan J., Parnell J., Panibratov A., et al. Strategy and performance of

russian firms: An organisational capabilities perspective [J]. European Journal of International Management, 2021, 15 (1): 1-26.

[154] Stalk G., Evans P., Shulman L. Competing on capabilities: The new rules of corporate strategy [J]. Harvard Business Review, 1992 (72): 57-68.

[155] Suseno Y., Laurell C., Sick N. Assessing value creation in digital innovation ecosystems: A social media analytics approach [J]. The Journal of Strategic Information Systems, 2018, 27 (4): 335-349.

[156] Suseno Y., Standing C. The systems perspective of national innovation ecosystems [J]. Systems Research and Behavioral Science, 2018, 35 (3): 282-307.

[157] Svahn F., Mathiassen L., Lindgren R. Embracing digital innovation in incumbent firms: How volvo cars managed competing concerns [J]. Mis Quarterly, 2017, 41 (1): 239-253.

[158] Teece D. J., Pisano G., Shuen A. Dynamic capabilities and strategic management [J]. Strategic Management Journal, 1997, 18 (7): 509-533.

[159] Teece D. J. Business models, business strategy and innovation [J]. Long Range Planning, 2010, 43 (2-3): 172-194.

[160] Teece D. J. Explicating dynamic capabilities: The nature and microfoundations of (sustainable) enterprise performance [J]. Strategic Management Journal, 2007, 28 (13): 1319-1350.

[161] Teece D. J. Profiting from innovation in the digital economy: Enabling technologies, standards, and licensing models in the wireless world [J]. Research Policy, 2018, 47 (8): 1367-1387.

[162] To C. K. M., Au J. S. C., Kan C. W. Uncovering business model innovation contexts: A comparative analysis by fsqca methods [J]. Journal of Business Research, 2019 (101): 783-796.

[163] Tortora D., Chierici R., Briamonte M. F., et al. "I digitize so I exist". Searching for critical capabilities affecting firms' digital innovation [J]. Journal of Business Research, 2021 (129): 193-204.

[164] Trabucchi D., Talenti L., Buganza T. How do big bang disruptors look like? A business model perspective [J]. Technological Forecasting and Social Change, 2019, 141 (3): 330-340.

[165] Travaglioni M., Ferazzoli A., Petrillo A., et al. Digital manufacturing challenges through open innovation perspective [J]. Procedia Manufacturing, 2020 (42): 165-172.

[166] Trischler, Gregersen M. F., Li Y., et al. Digital business model innovation: Toward construct clarity and future research directions [J]. Review of Managerial Science, 2022 (17): 3-32.

[167] Van Angeren J., Vroom G., McCann B. T., et al. Optimal distinctiveness across revenue models: Performance effects of differentiation of paid and free products in a mobile app market [J]. Strategic Management Journal, 2022, 43 (10): 2066-2100.

[168] Vargo S. L., Akaka M. A. Value co creation and service systems (re) formation: A service ecosystems view [J]. Service Science, 2012, 4 (3): 207-217.

[169] Velu C., Jacob A. Business model innovation and owner-managers: The moderating role of competition [J]. R & D Management, 2016, 46 (3): 451-463.

[170] Velu C. Business model innovation and third-party alliance on the survival of new firms [J]. Technovation, 2015 (35): 1-11.

[171] Verhagen T., Nes J. V., Feldberg F., et al. Virtual customer service agents [J]. Journal of Computer-Mediated Communication, 2014, 19 (3): 529-545.

[172] Walrave B., Talmar M., Podoynitsyna K. S., et al. A multi-level perspective on innovation ecosystems for path-breaking innovation [J]. Technological Forecasting and Social Change, 2018 (136): 103-113.

[173] Weerawardena J., Salunke S., Haigh N., et al. Business model innovation in social purpose organizations: Conceptualizing dual social-economic value creation [J]. Journal of Business Research, 2021 (125): 762-771.

[174] Wen W., Zhu F. Threat of platform-owner entry and complementor responses: Evidence from the mobile app market [J]. Strategic Management Journal, 2019, 40 (9): 1336-1367.

[175] Wiengarten F., Humphreys P., Cao G., et al. Exploring the important role of organizational factors in it business value: Taking a contingency perspective on the resource-based view [J]. International Journal of Management Reviews, 2013, 15

（1）：30-46.

［176］Wu L., Hitt L., Lou B. Data analytics, innovation, and firm productivity［J］. Management Science, 2020, 66（5）：2017-2039.

［177］Xiao H., Yang Z., Hu Y. Influencing mechanism of strategic flexibility on corporate performance：The mediating role of business model innovation［J］. Asia Pacific Business Review, 2021, 27（3）：470-492.

［178］Yang L., Gan C. Cooperative goals and dynamic capability：The mediating role of strategic flexibility and the moderating role of human resource flexibility［J］. Journal of Business & Industrial Marketing, 2020, 36（5）：782-795.

［179］Yoo Y., Boland R. J., Lyytinen K., et al. Organizing for innovation in the digitized world［J］. Organization Science, 2012, 23（5）：1398-1408.

［180］Yuan L., Zhongfeng S., Yi L. Can strategic flexibility help firms profit from product innovation?［J］. Technovation, 2010, 30（5-6）：300-309.

［181］Zaichkowsky J. Strategies for distinctive brands［J］. Journal of Brand Management, 2010（17）：548-560.

［182］Zehir C., Can E., Karaboga T. Linking entrepreneurial orientation to firm performance：The role of differentiation strategy and innovation performance［J］. Procedia-Social and Behavioral Sciences, 2015（210）：358-367.

［183］Zhang S., Zhan J., Wang F. Dynamic service innovation capabilities in the digital age：An integrated research framework and key research questions［M］. New York：IEEE, 2021.

［184］Zhao X., Wu C., Chen C. C., et al. The influence of corporate social responsibility on incumbent employees：A meta-Analytic investigation of the mediating and moderating mechanisms［J］. Journal of Management, 2022, 48（1）：114-146.

［185］Zhao Y., Wang X. Organisational unlearning, relearning and strategic flexibility：From the perspective of updating routines and knowledge［J］. Technology Analysis & Strategic Management, 2020, 32（11）：1251-1263.

［186］Zhou K. Z., Wu F. Technological capability, strategic flexibility, and product innovation［J］. Strategic Management Journal, 2010, 31（5）：547-561.

［187］Zhu L., Cheung S. O. Harvesting Competitiveness through building organizational innovation capacity［J］. Journal of Management in Engineering, 2017, 33

（5）：1-15.

[188] Zollo M., Winter S. G. Deliberate learning and the evolution of dynamic capabilities [J]. Organization science, 2002, 13 (3)：339-351.

[189] Zott C., Amit R. The fit between product market strategy and business model：Implications for firm performance [J]. Strategic Management Journal, 2008, 29 (1)：1-26.

[190] 白景坤, 张雅, 李思晗. 平台型企业知识治理与价值共创关系研究 [J]. 科学学研究, 2020, 38 (12)：2193-2201.

[191] 包宇航, 于丽英. 创新生态系统视角下企业创新能力的提升研究 [J]. 科技管理研究, 2017, 37 (6)：1-6.

[192] 边伟军, 董琪, 于龙振, 等. 制造业产业基础能力的内涵、维度及量表开发——以轨道交通装备制造业为例 [J]. 科技进步与对策, 2022, 39 (12)：62-72.

[193] 陈冬梅, 王俐珍, 陈安霓. 数字化与战略管理理论——回顾、挑战与展望 [J]. 管理世界, 2020, 36 (5)：220-236.

[194] 陈寒松, 田震. 公司创业情境下孵化企业服务生态系统构建——基于资源编排理论 [J]. 科研管理, 2022, 43 (5)：11-22.

[195] 陈劲, 杨洋, 于君博. 商业模式创新研究综述与展望 [J]. 软科学, 2022, 36 (4)：1-7.

[196] 陈劲. 数字化转型中的生态协同创新战略 [J]. 清华管理评论, 2019, 72 (6)：22-27.

[197] 陈菊红, 张睿君, 张雅琪. 服务化战略对企业绩效的影响——基于商业模式创新的中介作用 [J]. 科研管理, 2020, 41 (4)：131-139.

[198] 陈力田, 赵晓庆, 魏致善. 企业创新能力的内涵及其演变：一个系统化的文献综述 [J]. 科技进步与对策, 2012, 29 (14)：154-160.

[199] 陈鑫强, 沈颂东. 创业导向对商业模式创新的影响研究——基于战略柔性的中介效应分析 [J]. 技术经济与管理研究, 2020 (7)：39-44.

[200] 陈一华, 张振刚. 商业模式创新前因研究：决策逻辑、组织学习的视角 [J]. 管理评论, 2022, 34 (5)：81-92.

[201] 成琼文, 赵艺璇. 企业核心型开放式创新生态系统价值共创模式对价值共创效应的影响——一个跨层次调节效应模型 [J]. 科技进步与对策, 2021,

38（17）：87-96.

[202] 程宣梅，杨洋. 破解数字化重构的商业模式创新：战略柔性的力量 [J]. 科技管理研究，2022，42（16）：111-118.

[203] 池毛毛，叶丁菱，王俊晶，等. 我国中小制造企业如何提升新产品开发绩效——基于数字化赋能的视角 [J]. 南开管理评论，2020，23（3）：63-75.

[204] 戴亦舒，叶丽莎，董小英，等. CPS与未来制造业的发展：中德美政策与能力构建的比较研究 [J]. 中国软科学，2018（2）：11-20.

[205] 邓新明，张婷，许洋，等. 企业社会责任对消费者购买意向的影响研究 [J]. 管理学报，2016，13（7）：1019-1027.

[206] 邓渝. "做正确的事与正确地做事"：资源编排视角下的创业企业绩效 [J]. 外国经济与管理，2021，43（5）：34-36.

[207] 丁锋，陈军，陈超，等. 基于差异化战略的跨境电商竞争策略研究 [J]. 运筹与管理，2019，28（6）：33-40.

[208] 杜运周，贾良定. 组态视角与定性比较分析（QCA）：管理学研究的一条新道路 [J]. 管理世界，2017（6）：155-167.

[209] 冯军政，王海军，周丹，等. 数字平台架构与整合能力的价值创造机制研究 [J]. 科学学研究，2022，40（7）：1244-1253.

[210] 冯文娜，刘如月. 互动导向、战略柔性与制造企业服务创新绩效 [J]. 科研管理，2021，42（3）：80-89.

[211] 高良谋，马文甲. 开放式创新：内涵、框架与中国情境 [J]. 管理世界，2014（6）：157-169.

[212] 古安伟，蒋慧慧，鲁喜凤，等. 数字化情境下用户参与产品创新组态效应研究——基于TOE框架的fsQCA分析 [J]. 科技进步与对策，2022，39（22）：72-81.

[213] 顾美玲，毕新华. 企业创新文化对IT-业务融合的影响机制研究——来自东北地区的实证 [J]. 科技进步与对策，2017，34（15）：94-100.

[214] 郭海，韩佳平. 数字化情境下开放式创新对新创企业成长的影响：商业模式创新的中介作用 [J]. 管理评论，2019，31（6）：186-198.

[215] 郭明杰，费堃桀. 基于结构方程模型的企业价值影响因素的研究——以制造业上市公司为例 [J]. 科学决策，2019（1）：47-64.

[216] 郭韬，李盼盼，乔晗. 技术创业企业商业模式创新前因的组态效应

[J]．科研管理，2021，42（1）：1-9．

[217] 郭晓川，刘虹，张晓英．双元创新选择、市场竞争强度与商业模式迭代——基于高新技术制造企业的实证研究 [J]．软科学，2021，35（10）：9-14．

[218] 韩进，王彦敏，涂艳红．战略管理情境下的生态系统：一个动态过程整合模型 [J]．科技进步与对策，2020，37（1）：1-9．

[219] 胡保亮，田茂利，刘广．资源重构能力与商业模式创新：基于动态能力束的观点 [J]．科研管理，2022，43（8）：73-80．

[220] 黄昊，王国红，秦兰．科技新创企业资源编排对企业成长影响研究：资源基础与创业能力共演化视角 [J]．中国软科学，2020（7）：122-137．

[221] 吉峰，贾学迪，林婷婷．制造企业数字化能力的概念及其结构维度——基于扎根理论的探索性研究 [J]．中国矿业大学学报（社会科学版），2022，24（5）：151-166．

[222] 贾旭东，衡量．基于"扎根精神"的中国本土管理理论构建范式初探 [J]．管理学报，2016，13（3）：336-346．

[223] 贾旭东，衡量．扎根理论的"丛林"、过往与进路 [J]．科研管理，2020，41（5）：151-163．

[224] 简兆权，旷珍．协同创新网络、复合式能力与新服务开发绩效 [J]．管理学报，2020，17（10）：1498-1505．

[225] 简兆权，刘念，黄如意．动态能力、企业规模与双元创新关系研究——基于 fsQCA 方法的实证分析 [J]．科技进步与对策，2020，37（19）：77-86．

[226] 简兆权，肖霄．网络环境下的服务创新与价值共创：携程案例研究 [J]．管理工程学报，2015，29（1）：20-29．

[227] 江积海，李琴．平台型商业模式创新中连接属性影响价值共创的内在机理——Airbnb 的案例研究 [J]．管理评论，2016，28（7）：252-260．

[228] 蒋丽芹，张慧芹，李思卉．跨界搜寻对企业创新绩效的作用机制研究——基于知识整合和战略柔性的视角 [J]．科技管理研究，2022，42（5）：193-203．

[229] 焦豪，杨季枫，王培暖，等．数据驱动的企业动态能力作用机制研究——基于数据全生命周期管理的数字化转型过程分析 [J]．中国工业经济，2021（11）：174-192．

[230] 焦豪，杨季枫，应瑛．动态能力研究述评及开展中国情境化研究的建议 [J]．管理世界，2021，37（5）：191-210．

[231] 解学梅，王宏伟．开放式创新生态系统价值共创模式与机制研究 [J]．科学学研究，2020，38（5）：912-924．

[232] 金昕，陈松．知识源战略、动态能力对探索式创新绩效的影响——基于知识密集型服务企业的实证 [J]．科研管理，2015，36（2）：32-40．

[233] 李奉书，徐莹婕，杜鹏程，等．数字经济时代下联盟管理能力对企业颠覆性技术创新的影响——知识流动的中介作用与知识重构能力的调节作用 [J]．科技进步与对策，2022，39（4）：80-90．

[234] 李兰，董小英，彭泗清，等．企业家在数字化转型中的战略选择与实践推进——2022 中国企业家成长与发展专题调查报告 [J]．南开管理评论，2022，25（5）：1-38．

[235] 李巍，Wang Qing，杨雪程．新创企业市场双元驱动创业绩效的机制研究：商业模式创新的中介效应 [J]．管理评论，2021，33（3）：118-128．

[236] 李文，张珍珍，梅蕾．企业网络、大数据能力与商业模式创新机制研究——基于 fsQCA 方法的实证分析 [J]．科技进步与对策，2022，39（1）：121-131．

[237] 李武威，李恩来．商业模式创新、研发投入与创业企业成长绩效 [J]．财会月刊，2021（4）：34-43．

[238] 李武威，朱杰堂，张园园．商业模式创新对企业绩效的影响研究——基于 Meta 分析方法的检验 [J]．价格理论与实践，2019（11）：113-116．

[239] 李小青，何玮萱，李子彪，等．制造企业数字化创新能力影响因素识别及评价 [J]．科技管理研究，2022，42（16）：1-10．

[240] 李小青，李秉廉，何玮萱，等．基于扎根理论的企业数字化创新形成路径——一个多案例研究 [J]．科技进步与对策，2022，39（5）：117-126．

[241] 梁娟，陈国宏．多重网络嵌入与集群企业知识创造绩效研究 [J]．科学学研究，2015，33（1）：90-97．

[242] 梁玲玲，李烨，陈松．数字技术驱动下的企业开放式创新路径研究——基于 fsQCA 方法的组态效应分析 [J]．科技管理研究，2022，42（17）：142-150．

[243] 梁正，李佳钰．商业价值导向还是公共价值导向？——对数字创新生

态系统的思考［J］. 科学学研究，2021，39（6）：985-988.

［244］廖民超，蒋玉石，金佳敏，等. 创新生态系统下的企业数字创新能力——内涵重构与量表开发［J］. 软科学，2023，37（5）：62-70.

［245］林艳，卢俊尧. 什么样的数字创新生态系统能提高区域创新绩效——基于 NCA 与 QCA 的研究［J］. 科技进步与对策，2022，39（24）：19-28.

［246］蔺雷，吴贵生. 我国制造企业服务增强差异化机制的实证研究［J］. 管理世界，2007（6）：103-113.

［247］刘洋，董久钰，魏江. 数字创新管理：理论框架与未来研究［J］. 管理世界，2020，36（7）：198-217.

［248］刘洋，李亮. 制造企业数字化转型：全球视角与中国故事［J］. 研究与发展管理，2022，34（1）：1-7.

［249］刘洋，应震洲，薛元昊，等. 构建数字创新能力：每个企业的必修课［J］. 清华管理评论，2021，91（5）：80-87.

［250］刘洋，应震洲，应瑛. 数字创新能力：内涵结构与理论框架［J］. 科学学研究，2021，39（6）：981-984.

［251］柳卸林，董彩婷，丁雪辰. 数字创新时代：中国的机遇与挑战［J］. 科学学与科学技术管理，2020，41（6）：3-15.

［252］柳卸林，杨培培，王倩. 创新生态系统——推动创新发展的第四种力量［J］. 科学学研究，2022，40（6）：1096-1104.

［253］罗兴武，刘洋，项国鹏，等. 中国转型经济情境下的商业模式创新：主题设计与量表开发［J］. 外国经济与管理，2018，40（1）：33-49.

［254］罗兴武，张皓，刘洋，等. 数字平台企业如何从事件中塑造数字创新能力？——基于事件系统理论的钉钉成长案例研究［J］. 南开管理评论，2023，26（4）：234-245.

［255］马鸿佳，王亚婧，苏中锋. 数字化转型背景下中小制造企业如何编排资源利用数字机会？——基于资源编排理论的 fsQCA 研究［J］. 南开管理评论，2024（4）：100-208+900.

［256］马蓝. 资源拼凑、双元创新能力与企业商业模式创新的关系研究［J］. 科技管理研究，2019，39（16）：18-26.

［257］马宗国，范学爱. 基于创新生态系统视角的国家自主创新示范区高质量发展对策［J］. 科学管理研究，2021，39（4）：113-119.

［258］牟娟，叶满成．管理型社会网络、战略柔性与企业绩效关系的实证研究［J］．工程管理科技前沿，2022，41（4）：90-96.

［259］庞瑞芝，刘东阁．数字化与创新之悖论：数字化是否促进了企业创新——基于开放式创新理论的解释［J］．南方经济，2022（9）：97-117.

［260］戚聿东，肖旭．数字经济时代的企业管理变革［J］．管理世界，2020，36（6）：135-152.

［261］秦鹏飞，申光龙，胡望斌，等．知识吸收与集成能力双重调节下知识搜索对创新能力的影响效应研究［J］．管理学报，2019，16（2）：219-228.

［262］曲永义．数字创新的组织基础与中国异质性［J］．管理世界，2022，38（10）：158-174.

［263］冉秋红，邓赫．差异化战略下的股权激励契约结构及其创新促进机制——基于科创板公司的双案例分析［J］．科技管理研究，2022，42（13）：173-181.

［264］任际范，徐进，梁新弘．基于 DART 模型的企业间价值共创量表开发［J］．暨南学报（哲学社会科学版），2014，36（4）：93-102.

［265］盛伟忠，陈劲．制造业中小企业创新能力测度指标研究［J］．管理工程学报，2015，29（4）：49-55.

［266］史亚雅，杨德明．数字经济时代商业模式创新与盈余管理［J］．科研管理，2021，42（4）：170-179.

［267］宋晶，陈劲．企业家社会网络对企业数字化建设的影响研究——战略柔性的调节作用［J］．科学学研究，2022，40（1）：103-112.

［268］苏敬勤，孙悦，高昕．连续数字化转型背景下的数字化能力演化机理——基于资源编排视角［J］．科学学研究，2022，40（10）：1853-1863.

［269］苏敬勤，张帅，马欢欢，等．技术嵌入与数字化商业模式创新——基于飞贷金融科技的案例研究［J］．管理评论，2021，33（11）：121-134.

［270］苏涛永，王柯．数字化环境下服务生态系统价值共创机制——基于上海"五五购物节"的案例研究［J］．研究与发展管理，2021，33（6）：142-157.

［271］苏昕，张辉，周升师．结构嵌入、动态能力与组织绩效：一个混合模型［J］．科技进步与对策，2019，36（10）：99-107.

［272］孙静林，穆荣平，张超．创新生态系统价值共创：概念内涵、行为模

式与动力机制［J］．科技进步与对策，2023，40（2）：1-10.

［273］谭劲松，何铮．集群自组织的复杂网络仿真研究［J］．管理科学学报，2009，12（4）：1-14.

［274］汤丹丹，温忠麟．共同方法偏差检验：问题与建议［J］．心理科学，2020，43（1）：215-223.

［275］田立法，王淞，刘丛珊，等．差异化战略、二元创新与企业绩效：资源整合能力的调节或中介作用［J］．科技进步与对策，2015，32（9）：93-99.

［276］王炳成，张强，崔雪莲．互联网服务型企业商业模式创新的组态研究——基于战略和资源视角［J］．管理学刊，2022，35（2）：119-135.

［277］王昌林．创新网络对技术创新动态能力的影响路径分析——基于技术创新动态能力三维度理论构建［J］．技术经济与管理研究，2018（6）：39-43.

［278］王发明，朱美娟．创新生态系统价值共创行为影响因素分析——基于计划行为理论［J］．科学学研究，2018，36（2）：370-377.

［279］王芳，王宛秋，高雅，等．高技术制造业企业通过技术并购实现突破式创新的路径研究——基于模糊集的定性比较分析［J］．科学学与科学技术管理，2022，43（9）：163-181.

［280］王宏起，王卓，李玥．创新生态系统价值创造与获取演化路径研究［J］．科学学研究，2021（10）：1870-1881.

［281］王琳，陈志军．价值共创如何影响创新型企业的即兴能力？——基于资源依赖理论的案例研究［J］．管理世界，2020，36（11）：96-110.

［282］王璐瑶，曲冠楠，Rogers J．面向"卡脖子"问题的知识创新生态系统分析：核心挑战、理论构建与现实路径［J］．科研管理，2022，43（4）：94-102.

［283］王强，王超，刘玉奇．数字化能力和价值创造能力视角下零售数字化转型机制——新零售的多案例研究［J］．研究与发展管理，2020，32（6）：50-65.

［284］王生辉．企业技术创新战略：基于技术路径演化的研究［M］．北京：中国财经出版社，2006.

［285］王世权，韩冬梅，李慧慧．连续转型中高管团队注意力、资源编排与战略更新——基于东软的案例研究［J］．南开管理评论，2022，25（6）：183-194.

［286］王涛．跨界融合情境下组织间合作如何实现价值共创——基于界面管理的视角［J］．经济与管理研究，2021，42（8）：111-123．

［287］王文华，叶沁瑶，沈秀．差异化战略能促进双元创新投入吗？——基于环境不确定性与财务柔性的调节作用［J］．预测，2021，40（2）：47-54．

［288］魏江，刘嘉玲，刘洋．新组织情境下创新战略理论新趋势和新问题［J］．管理世界，2021，37（7）：182-197．

［289］魏江，刘洋，应瑛．商业模式内涵与研究框架建构［J］．科研管理，2012，33（5）：107-114．

［290］魏江，杨洋，邬爱其，等．数字战略［M］．杭州：浙江大学出版社，2022．

［291］魏炜，朱武祥，林桂平．基于利益相关者交易结构的商业模式理论［J］．管理世界，2012（12）：125-131．

［292］魏轩，陈伟，林超然．创新能力研究理论背景演化、分类及关系研究［J］．管理学季刊，2019，4（4）：112-150．

［293］吴航．动态能力的维度划分及对创新绩效的影响——对 Teece 经典定义的思考［J］．管理评论，2016，28（3）：76-83．

［294］吴晓波，赵子溢．商业模式创新的前因问题：研究综述与展望［J］．外国经济与管理，2017，39（1）：10-26．

［295］武柏宇，彭本红．服务主导逻辑、网络嵌入与网络平台的价值共创——动态能力的中介作用［J］．研究与发展管理，2018，30（1）：138-150．

［296］武常岐，张昆贤，周欣雨，等．数字化转型、竞争战略选择与企业高质量发展——基于机器学习与文本分析的证据［J］．经济管理，2022，44（4）：5-22．

［297］肖红军，阳镇．可持续性商业模式创新：研究回顾与展望［J］．外国经济与管理，2020，42（9）：3-18．

［298］谢卫红，李忠顺，李秀敏，等．数字化创新研究的知识结构与拓展方向［J］．经济管理，2020，42（12）：184-202．

［299］谢卫红，林培望，李忠顺，等．数字化创新：内涵特征、价值创造与展望［J］．外国经济与管理，2020，42（9）：19-31．

［300］辛冲，李明洋，吴怡雯．企业知识基础与创新生态系统价值共创［J］．研究与发展管理，2022，34（2）：79-90．

［301］徐广平．双元创业即兴对新创企业绩效的作用机制研究［D］．长春：吉林大学，2021．

［302］徐建中，徐莹莹．企业协同能力、网络位置与技术创新绩效——基于环渤海地区制造业企业的实证分析［J］．管理评论，2015，27（1）：114-125．

［303］许庆瑞，李杨，刘景江．结合制造与服务逻辑发展企业创新能力——基于海尔集团的纵向案例研究［J］．科研管理，2020，41（1）：35-47．

［304］闫俊周，姬婉莹，熊壮．数字创新研究综述与展望［J］．科研管理，2021，42（4）：11-20．

［305］杨东，裴梦亚，史会斌，等．数字化驱动的制造企业商业模式创新研究综述［J］．科学与管理，2021，41（3）：42-47．

［306］杨伟，刘健，武健．"种群-流量"组态对核心企业绩效的影响——人工智能数字创新生态系统的实证研究［J］．科学学研究，2020，38（11）：2077-2086．

［307］杨伟，刘健．基于生态流量的数字创新生态系统演化模式——人工智能行业的探索性研究［J］．技术经济，2021，40（9）：34-44．

［308］易加斌，张梓仪，杨小平，等．互联网企业组织惯性、数字化能力与商业模式创新：企业类型的调节效应［J］．南开管理评论，2021，25（5）：1-27．

［309］余菲菲，曹佳玉，杜红艳．数字化悖论：企业数字化对创新绩效的双刃剑效应［J］．研究与发展管理，2022，34（2）：1-12．

［310］余菲菲，王丽婷．数字技术赋能我国制造企业技术创新路径研究［J］．科研管理，2022，43（4）：11-19．

［311］余江，孟庆时，张越，等．数字创新：创新研究新视角的探索及启示［J］．科学学研究，2017，35（7）：1103-1111．

［312］张爱辉．差异化战略、技术创新投入与企业绩效［J］．财会通讯，2017（30）：41-44．

［313］张宝建，裴梦丹，陈劲，等．价值共创行为、网络嵌入与创新绩效——组织距离的调节效应［J］．经济管理，2021，43（5）：109-124．

［314］张超，陈凯华，穆荣平．数字创新生态系统：理论构建与未来研究［J］．科研管理，2021，42（3）：1-11．

［315］张洪，鲁耀斌，张凤娇．价值共创研究述评：文献计量分析及知识体

系构建 [J]. 科研管理, 2021, 42 (12): 88-99.

[316] 张军, 许庆瑞, 张素平. 企业创新能力内涵、结构与测量——基于管理认知与行为导向视角 [J]. 管理工程学报, 2014, 28 (3): 1-10.

[317] 张璐, 赵爽, 张强, 等. 如何实现模仿创新能力到协同创新能力的跃迁? [J]. 科学学研究, 2020, 38 (5): 936-948.

[318] 张明, 杜运周. 组织与管理研究中 QCA 方法的应用: 定位、策略和方向 [J]. 管理学报, 2019, 16 (9): 1312-1323.

[319] 张省, 杨倩. 数字技术能力、商业模式创新与企业绩效 [J]. 科技管理研究, 2021, 41 (10): 144-151.

[320] 张振刚, 尚钰, 陈一华. 大数据能力对企业创新绩效的影响——IT-业务融合与双元环境的调节作用 [J]. 科技进步与对策, 2021, 38 (14): 82-90.

[321] 赵宏霞, 王梦娟, 王国涛. 工业互联网平台生态嵌入对参与企业探索式创新绩效的影响 [J]. 科技进步与对策, 2022, 39 (15): 1-10.

[322] 赵慧娟, 陈洪洋, 姜盼松, 等. 平台生态嵌入、数据赋能对中小制造企业创新柔性的影响——基于资源编排视角 [J]. 研究与发展管理, 2022, 34 (5): 1-15.

[323] 赵艺璇, 成琼文, 郭波武. 创新生态系统情境下核心企业跨界扩张的实现机制——社会嵌入视角的纵向单案例分析 [J]. 南开管理评论, 2022, 25 (6): 1-23.

[324] 赵艺璇, 成琼文, 李紫君. 共生视角下技术主导型与市场主导型创新生态系统价值共创组态路径研究 [J]. 科技进步与对策, 2022, 39 (11): 21-30.

[325] 赵艺璇, 成琼文. 知识网络嵌入、知识重组与企业中心型创新生态系统价值共创 [J]. 经济与管理研究, 2021, 42 (10): 88-107.

[326] 郑兵云, 陈圻, 李邃. 差异化战略对企业绩效的影响研究——基于创新的中介视角 [J]. 科学学研究, 2011, 29 (9): 1406-1414.

[327] 周飞, 邱琳, 王娜. 战略柔性、智力资本与双向开放式创新 [J]. 科研管理, 2019, 40 (12): 85-93.

[328] 周文辉, 阙琴. 数字平台创业如何突破机会资源的双重约束? [J]. 科学学研究, 2022, 40 (5): 896-905.

［329］周文辉，王鹏程，杨苗．数字化赋能促进大规模定制技术创新［J］.科学学研究，2018（8）：1516-1523.

［330］祝志明，杨乃定，高婧．动态能力理论：源起、评述与研究展望［J］.科学学与科学技术管理，2008，29（9）：128-135.

［331］庄彩云，陈国宏，梁娟，等．互联网能力、双元战略柔性与知识创造绩效［J］.科学学研究，2020，38（10）：1837-1846.

附　录

1. 企业访谈提纲

背景陈述：

国内学者认为，数字创新能力是组织利用及部署数字资源实现创新的能力，并提出了五个具体能力：数字连接能力、数据聚合能力、智能分析能力、组织敏捷能力和重组创新能力。国外学者认为，数字创新能力是组织扩展和集成了大数据分析和云计算等数字技术以提升组织整体能力的一种能力。例如，制造业利用大数据、云计算、人工智能、工业互联网等多种数字技术的集群式创新及其与制造业的深度融合，对制造业的设计研发、生产制造、仓储物流、销售服务等进行全流程、全要素的改造，充分发挥数据要素的价值创造作用。当前部分制造业企业充分利用数字资源、数字平台（如 CIDP 制造业数字资源平台、用友平台）、数字工具等赋能制造企业数字化转型和高质量发展。

访谈提纲：

初始部分：了解关于受访者的背景信息
■职位和负责的具体工作
■工作年限
介绍性部分：对数字创新能力的理解
■您所在的企业是否有利用数字技术？可否举例谈谈它们如何改进了工作流程或业务发展？

■您认为数字创新能力是一种怎样的能力？您想到了哪些特征和属性？

■您认为具备数字创新能力的企业有何特征？

主要部分：深入了解"数字创新能力"

■您认为为什么有些公司在数字创新方面比其他公司更成功？

■企业必须拥有什么能力才能成功地实现数字创新？

■企业利用数字化资源实现创新及效能提升，您认为最需要哪些方面的支持？

探讨部分："数字创新能力"的成果、边界条件和前因

■您所在的组织如何利用数字资源实现了何种创新？

■您认为数字创新能力产生了什么积极或消极后果？

■在什么条件下这种能力特别重要或不重要？

■是什么因素培养或阻碍了这种能力？

2. 部分访谈内容文本整理示例

访谈内容文本整理（制造业）

访谈单位：四川××医疗器械有限公司（合资企业）

所属行业：医疗仪器设备及仪器仪表制造业

访谈对象1：设计部经理，工作年限15年

我认为，数字创新能力是一种基于高科技的能力，也是当下这个时代一种必备的能力，你可以看到很多现代化高科技装备不足的工厂已经逐步失去了竞争力，也就是说我们在这样的时代，必须保证企业是信息化和智能化的，才能够使企业更加快速发展。我觉得数字创新能力是企业未来生存发展的必备能力，它是一种快速革新的能力，具备这种能力后可以在同行业竞争中更有优势。

要说数字创新能力的企业有何特征……这个很难一概而论。可能这样的企业具有效率高、变能快的特征，还有就是有革新的精神。我观察到几家民营企业其实步子迈得挺快，当然它们后期可能面临着数字化转型步子太大、资金不足的问题。但我认为，国有企业创新其实稍微难一些，特别是大型国有企业。它们的流程要多一些，虽然有资源但是限制也多，尤其看领导。我认为，一家企业如果具

备数字创新能力，这家企业必须是一家心态年轻并且敢于创新的企业。有些企业它只是工作流程数字化了、某些方面方便快捷了，但也出现了很多条款去限制这种数字化的发展，反而事情越做越多，这种我觉得完全谈不上数字创新能力或者数字化转型。其实数字创新能力也好、数字化转型也好，我觉得它是个全业务链的东西，是涉及企业方方面面的东西，甚至从团队结构都要发生改变。而且不是说你用了某某信息系统就算数字化创新了，肯定不是的。像以前生产有生产的系统，库存有库存的系统，但是谈不上破壁，因为没有整合。现在全新的 ERP 系统可以整合 MES 系统，整合了核心业务，这种全方位一体化的东西我觉得才谈得上数字创新吧。也就是说尽量从数据、流程、系统上去统一你企业内部的资源，实现技术和人力的配合。

我们现在有一项创新应该谈得上是数字创新，这项创新使工作流程更加简单了。我们运用计算机图形设备辅助机械制造技术人员的设计工作，增强了设计效果，通过立体图像把设计结果直接传递给工作人员，既节省人力又节省时间。然后我们也提高了机器人对输液袋杂质的检测准确率，这就是借助技术改进了流程又配合了人工，可以更好地寻找产品质量问题点。这种东西你在以前靠人工改进是非常困难的，但是借助高科技的技术、机器人的辅助，这种工作就变得很容易，大大提高了效率、准确率。但是这里面要看创新的项目，有些项目前期需要投入非常大的人力、财力。当然还需要技术合作方、供应商，以及当地政府政策的支持。其实我觉得现在制造业企业都是在尽量利用技术减少人工操作，不管是生产还是销售方面。如常见的 CAE 分析平台，就改变了以往从设计直接到制造的流程，降低了物理测试的成本。这种数字创新能力也非常有效地提升了我们的设计能力，实现了各种应力分析，可以提前预知不良。

其实谈创新，不管是哪种类型的创新，我觉得有三个方面非常重要。首先是企业要注重创新，这是自上而下的。不管是科技的革新还是小到改进一个简单的生产流程。其实哪怕是邮箱数据库升级这种小事，你没有这个意识去改进，你觉得这个不重要，那么都不可能有进一步的行动。如果说数字创新的话，我认为技术肯定是基础的，但是呢，使用技术还是基于你想要做什么。我们改进这些流程，肯定是因为我们需要。如果说你不知道自己要改进什么、创新什么，那么空有技术也是空谈。很多时候技术上还是容易实现的，但是你的目标是什么先要跟人家讲清楚。其次是要尊重知识及人才，高科技化、高智能化必然离不开人才的支持和资金的支持。现在想不断完善我们的生产、物流、采购等系统就非常需要一些技术人才和研发人才，公司内部还是很缺乏这种人才的，有时候也觉得这类人才很难找。还有就是你发现有时候有些员工的素质跟不上公司的创新发展，他可能在数字化技术的操作和运用上存在困难，这也是公司面临的挑战之一。培训是一方面，但是也要不断引进相应的人才来解决这个问题。最后是硬件设施配套。尤其是数字化转型，硬件是非常重要的。虽然我们有时候会说有钱都能解决，但是你硬件设施配套没有到位的时候，其实都是空话，而且它需要一个周期的，有时候还真不是有钱就能马上实现的。

访谈对象 2：销售主管，工作年限 19 年

我们现在利用了一些数字化平台，将上下游合作企业的合作项目和资源整合在一起，并且实现了数据信息的可视化、清晰化和规范化。这有利于交流合作，尤其是对外的时候，提高了工作效率。公司内部也统筹了各部门可以同步的数据，进行资源共享，当然我觉得距离由内而外全数据的统一还是有一定差距，但是整体更加省时省力了，减少了各条线的沟通成本，而且沟通也更加精准到位。这对管理和运营其实也有很大帮助。然后我们用了一些多媒体技术使培训工作也更加高效，培训方面的交互学习、考试考评这些环节都简化了。

我认为，数字创新能力是一种基于对线下实际情况的分析总结，再打造针对性的数字资源聚合平台的能力。这种能力是一种科技手段的展现，具备数字创新能力的企业必须有科技的配备，也必须有文化底蕴。特征的话就是生产方面利用人工智能扩大生产、节约人力；市场方面利用人工智能、大数据技术进行智能分析，了解广阔市场的信息，加上客户方面的资源，使我们整个生产销售方面的前景更加光明。

当然，从销售的角度看，我们更关注市场，数字创新能力应该是一种通过大数据平台或者是所谓的技术获取丰富的信息，融合市场的需要，制定精准的创新目标，然后诞生出新产品的能力。对于我们销售来说，客户是绝对优先的，通过数字化的平台更容易获取丰富全面的市场信息，从而对广大市场的需求做出精准的分析判断。根据获取到的信息，可以弥补过往产品的不足之处，制定新的适应社会潮流的目标性产品战略。市场分析由线下变为了线上了，这是基于数字技术变化。

我觉得具备数字创新能力的企业需要各个部门每个员工的团结协作，需要有与时俱进、不断创新的探索精神。其实我们谈数字化也不是一两年的事情了，但是可能我在公司时间比较久，我比较大的感触就是数字化后那种分工合作要紧密

一些。而且最需要公司的研发部门和软件部门携手合作，通过一起制订战略计划，再扎实落实执行，之后需要全体员工在工作应用过程中的反馈来不断优化。它不是一个一蹴而就的事情，而是一种往复迭代更新的过程。

我们现在可以说是利用数字资源实现了各个上下游项目相关企业以及公司内部各个部门、各个项目组的数据整合，让每个项目的参与者都能够同时掌握所需的数据信息，改善了统筹沟通汇总的难度，极大地提高了合作效率，也简化了部分工作流程，基本实现了全方位数据共享的创新。现在各部门数据共享还是比较顺畅的。而且这种简化工作流程和分工协作让目标更加清晰、市场发展方向更加简单明了，更容易发挥企业的外在潜力。生产上，利用大数据分析也实现了产品质量的大幅度提升。

实现数字创新的企业我觉得技术上肯定还是有优势的，当然肯定少不了技术、资金以及相应技术人才的支持，甚至还有一些政策的支持。有些企业利用大数据分析计算提高了数据的有效性，发现更多有用的数据，与企业自身相结合，就可以发现更快、更有效的解决问题的方法。而且你有了数据、有了分析技术就可以分析市场，容易发现市场变化，从而优化市场战略布局、规划公司产品营销途径。大数据、人工智能、物联网三者结合，可以作为公司与客户之间的桥梁纽带，发挥极大的作用。像车联网，就通过数字技术把企业与客户的关系变得更紧密了，很多事情也非常好调配。还有供应商协同平台，通过数字技术实现对供应商的信息筛选、评核的管理……把传统的营销、市场管理和战略布局变得简单清晰，能够灵活应对多变的市场局势，掌握各种丰富的市场动态，之前还要进行市场调研等工作，但现在，数据可以直接反馈市场变化，这就是我说的从线下转到线上了。

还有就是数字化资源以科技为基础，做得好的企业与第三方大数据的关系很强，也就是所谓的工业互联网，还有与政府机构的链接与合作。收集了很多数据以后，再对数据整理分析，就可以加快产品的研发和创新。产品更新越快，市场竞争力就越强。我觉得一线员工对这种技术的使用能力还要提升，我们"技术+"的人才还是比较短缺的。

其实你说数字创新是一种能力，对我们来说可能更是一种工具。利用该工具，能够使工作效率更高，减少了不必要的流程和人力。又或者说，它其实是一种更为先进、高效率的工作手段。我们公司现在在采购、生产、销售环节基本实现了平台化的集成操作。通过技术支持和设备研发实现内外部的资源共享，我觉得这算是数字创新。

3. 制造企业商业模式创新调查问卷

尊敬的先生/女士：

您好！非常感谢您在百忙之中参与到我们此次的研究之中！此研究是由西南交通大学经管院课题组开展的研究调查，旨在改善企业日常工作实践。本问卷填答约需 5 分钟，对于每一个问题，请您根据贵公司的实际情况，选择一个最能反映您观点的选项，答案没有好坏对错之分。本问卷匿名作答，充分保密！内容不会涉及贵公司的商业机密。我们承诺，所得信息仅供学术研究之用，您所提供的信息将得到充分和安全的保护，除研究人员外任何人无权查阅。最后，请接受我们对您最诚挚的谢意，祝您事业顺利，家庭幸福！

贵企业名称：＿＿＿＿＿＿＿＿＿＿＿＿

第一部分：基本情况（仅用于统计目的）

1. 贵企业的成立年限为（截至 2022 年）：

□1～2 年　　　　□3～5 年　　　　□6～10 年　　　　□11～15 年
□15 年以上

2. 贵企业性质属于：

□国有　　　　　□非国有

3. 贵企业员工总人数为：

□50 人以下　　□50～100 人　　□101～500 人　　□501～1000 人
□1001 人及以上

4. 贵公司所属行业：

□医药制造业

□航空、航天器及设备制造业

□电子及通信设备制造业

□计算机及办公设备制造业

□医疗仪器设备及仪器仪表制造业

□信息化学品制造业

□其他＿＿＿＿＿＿＿＿

5. 您的岗位：＿＿＿＿＿＿＿＿＿＿＿＿＿＿＿＿

6. 您的工作年限为：

☐1～2 年　　　　☐3～5 年　　　　☐6～10 年　　　　☐11～15 年

☐15 年以上

7. 贵公司所处城市：＿＿＿＿＿＿＿＿＿＿＿＿＿＿

第二部分：创新驱动因素调查

对"数字创新能力"的调查：

以下题项中 1～5 分，表示从左至右、从不同意向同意依次渐进，请根据您工作中的实际情况在相应框内打钩（下同）	不同意			同意	
	1	2	3	4	5
1. 我们有良好的数字化硬件设施					
2. 我们能利用数字技术整合不同的数据（业务、库存等以及外部公开数据）					
3. 我们能利用数字技术获取、链接到所需资源					
4. 我们能利用数字技术对收集的信息进行智能分析					
5. 我们能利用数字技术智能辅助工作					
6. 我们能利用数字技术支持企业发展战略					
7. 我们能利用数字技术满足各业务板块的工作需求					
8. 我们能利用数字技术优化原有的管理流程					
9. 我们能根据工作需要正确使用数字技术					
10. 我们能利用数字技术改善产品质量/服务					
11. 我们能利用数字技术发现新的市场需求					
12. 我们能利用数字技术洞察市场环境变化（政策、法规、竞争者动态等）					
13. 我们能利用数字技术动态评估创新方案					
14. 我们能利用数字技术及时响应市场需求					
15. 我们的技术人员能定期维护系统、设备并及时处理各部门技术问题					
16. 我们各部门能利用数字技术协同合作					
17. 我们公司支持并鼓励产品开发、服务改进等创新活动					
18. 我们能从外部获取创新所需的资金、政策、人才等支持					
19. 我们与政府、中介机构等各类组织有融洽的合作关系					
20. 我们能利用数字技术与合作伙伴实现业务集成					
21. 我们能利用数字技术与合作伙伴共享资源					
22. 我们能利用数字技术与合作伙伴共同解决问题					

对"差异化战略"的调查：

请根据您工作中的实际情况作答：	不同意			同意	
	1	2	3	4	5
23. 我们会为了提高客户的满意度增加成本					
24. 我们提供比最直接的竞争对手更优质的产品/服务					
25. 我们的产品/服务还增加了一些其他功能来强调其价值					
26. 我们有一些不同于我们的竞争对手的产品/服务					
27. 我们为客人提供一些创新的产品和服务					

对"战略柔性"的调查：

请根据您工作中的实际情况作答：	不同意			同意	
	1	2	3	4	5
28. 我们能够从外部环境的变化中识别出发展机会					
29. 我们尝试不断地改造或重组来更好地满足市场需求					
30. 我们努力尝试通过技术改进来创造新的技术标准					
31. 我们通常能够抓住环境变化带来的机遇					
32. 我们在提出创新战略时总会考虑一系列的备选方案					
33. 我们可以迅速调整生产或服务水平以支持市场波动的需求					
34. 我们总是根据环境变化不断调整战略					

对"价值共创"的调查：

请根据您工作中的实际情况作答：	不同意			同意	
	1	2	3	4	5
35. 我们与合作伙伴能够形成共同认可的战略目标					
36. 我们能够清晰地表述自身的价值需求并且接纳其他合作伙伴的价值需求					
37. 我们能够与合作伙伴在技术研发、工艺改进、产品设计等多方面形成优势互补					
38. 我们与合作伙伴在利润分配的透明度、分配方案等方面均表示满意					

续表

请根据您工作中的实际情况作答：	不同意			同意	
	1	2	3	4	5
39. 我们能够与合作伙伴分享资源（如技术信息、产品服务、资本、人才交流等）					
40. 我们愿意配合合作伙伴实现战略目标（如新产品开发、技术成果推广等）					
41. 我们能够合理利用合作伙伴的技术、工艺、人才等资源，真诚合作，避免不良竞争					
42. 我们在遇到摩擦（利益分配不均、战略目标相左）时，作为合作伙伴能够通过良好的沟通进行解决并最终达成一致					
43. 我们作为合作伙伴能共同发现新的价值目标并通过共同的努力获取价值（如新技术的共同孵化）					
44. 我们作为合作伙伴愿意一起评估风险和分担风险（包括技术研发风险、成果转化风险、资金周转风险、基础投入风险等）					
45. 我们愿意与合作伙伴为实现共同的价值目标付出努力，不存在"搭便车"的机会主义行为					

第三部分：商业模式创新调查

请根据您工作中的实际情况作答：	不同意			同意	
	1	2	3	4	5
46. 我们不断反省应对市场变化所需的最新能力					
47. 我们不断运用新技术以拓展产品和服务组合					
48. 我们充分利用引入新合作伙伴后带来的机会					
49. 我们在产品生产过程中采用了创新性的工艺和流程					
50. 我们高度关注行业变化趋势，并不断调整在商业生态圈中的定位					
51. 我们高度关注那些新的或尚未被满足的用户需求					
52. 相比竞争对手，我们的产品/服务更具有创新性，用户体验更好					
53. 我们不断寻找新的客户群体和市场来推广产品/服务					
54. 我们试图通过不断提供新产品或服务内容来增强用户黏性					
55. 我们最近开发了新的收入模式（如附加销售、交叉销售等）					
56. 相比竞争对手，我们的收入模式与众不同					
57. 我们经常革新我们的价格策略和质量策略					